Psicología Social

PARA PRINCIPIANTES

Gladys Adamson · Nerio Tello
Pablo Sapia

ERA NACIENTE
Documentales Ilustrados

Psicología Social para Principiantes®

Gladys Adamson - Pablo Sapia
Primera edición - Cuarta reimpresión

© de los textos: Gladys Adamson
© de las ilustraciones: Pablo Sapia
© Era Naciente SRL

Diseño de interior: Carlos Almar
Corrección: Marcia Tezeira

Para Principiantes®
es una colección de libros de
Era Naciente SRL
Buenos Aires, Argentina
www.paraprincipiantes.com.ar

Adamson, Gladys Inés
Psicología social para principiantes. / Gladys Adamson; ilustrado por
Pablo Sapia. - 1a ed. 4a reimp. - Buenos Aires : Era Naciente, 2013.
192p.: il.; 20x14cm. - (Para principiantes dirigida por Juan Carlos Augusto

Kreimer) I

. Psicología Social. I. Pablo Sapia, ilus.

CDD 302
Queda hecho el depósito que prevé la Ley 11.723.

I. ¿QUÉ ES LA PSICOLOGÍA SOCIAL?

Los grandes desplazamientos de poblaciones de una parte del mundo hacia otra, la transculturación y las comunidades interculturales, la emigración, la marginalidad y la pobreza; la xenofobia, el problema de la exclusión y el de la ancianidad; los nuevos mercados laborales expulsivos, la aristocracia tecnológica y los graves problemas ecológicos **conforman una nueva realidad** y **plantean problemáticas de interrelación** que no pueden ser catalogadas como "patológicas".

El debate acerca de los efectos del **mundo globalizado** es y será la gran problemática del siglo que comienza. El mapa social del mundo ha incorporado un paisaje insospechado e inestable, cuyos efectos estamos aún lejos de predecir.

Esta **ruptura de las tramas vinculares** que han sostenido la identidad y el proyecto de vida individual y familiar ha creado condiciones de preocupante **incertidumbre**. El sujeto de la era globalizada —como producto de esas rupturas— es un **sujeto en crisis**. Necesita, por lo tanto, reconstruir su **esquema referencial** (sus modelos de pensar, sentir y hacer en el mundo) y encontrar-producir **nuevos tejidos sociales** que lo alberguen y sostengan, y le posibiliten reencontrar un proyecto de vida y una razón para vivir.

Para enfrentar estas problemáticas se necesitan profesionales formados en un marco referencial teórico, metodológico y técnico que visibilice y opere en las tramas y redes vinculares, capaces de **reconstituir el tejido social** sosteniendo la lógica de la cultura y las vicisitudes subjetivas frente al cambio. Este profesional es el **psicólogo social** y la disciplina que lo sustenta es la **Psicología Social**.

La Psicología Social es un campo de saber especializado en las tramas vinculares humanas. Su tarea específica consiste en dar cuenta de aquello que acontece cuando los seres humanos interactúan o tienen prácticas cotidianas conjuntas. El psicólogo social desarrolla su intervención en grupos, organizaciones y comunidades.

En el claustro y en el campo

Como parte de las ciencias sociales, la Psicología Social tiene su centro de **tensión** en la vieja discusión entre **teoría** y **práctica**. Poner el acento en uno u otro campo metodológico presupone una toma de posición epistemológica que implica, a su vez, una determinada concepción de la dimensión psicosocial, del conocimiento científico y de los objetivos a los que debe direccionarse la investigación o intervención profesional.

El psiquiatra, psicoanalista y creador de la Psicología Social argentina, **Dr. Enrique Pichon Rivière** (Ginebra, Suiza, 1907-Buenos Aires, Argentina, 1977) distingue **dos orientaciones** dentro de la Psicología Social:

Es decir, se trata de dos concepciones metodológicas opuestas y con objetivos diferentes: 1) la **producción de conocimientos** bajo control experimental, y 2) una **indagación-acción** que se propone **incidir en una realidad social**.

Estas concepciones sobre la disciplina hablan, sin duda, de **posicionamientos opuestos respecto del mundo**; o, si se quiere, del lugar desde donde se mira y se enfrenta al mundo. Las corrientes académicas tienen su arraigo y desarrollo fundamentalmente en los Estados Unidos. En cambio, la práctica de intervención social tiene su despliegue principal en **Latinoamérica** y **últimamente en Europa**.

La posición de Pichon Rivière no debe entenderse como una crítica a la producción de saber, sino como una crítica a las investigaciones experimentalistas que promueven experiencias de laboratorios y rehuyen la **indagación-acción** con sujetos concretos en sus condiciones concretas de existencia.

En la **emergencia latinoamericana**, hacer teoría o realizar investigaciones teniendo como referente sólo los criterios académicos es una elección ética difícil de sostener.

Las condiciones socioeconómicas y la injusta distribución de bienes (económicos, culturales, de salud, educativos, etc.) ofrecen un panorama de inequidad que obliga a dejar posiciones contemplativas y debería incitar a los intelectuales a la acción transformadora.

Frente a esta problemática, la praxis pichoniana no es una mera elección metodológica, sino **una toma de posición ética** e **ideológica**. Un compromiso con el **cambio**. El cambio hacia una sociedad equitativa.

II. ENRIQUE PICHON RIVIÈRE
Un pensador en la encrucijada latinoamericana

Enrique Pichon Rivière, una figura pionera en el desarrollo de la Psicología Social en Latinoamérica, piensa esta disciplina como una **interciencia**. Su concepción teórica —el Esquema Conceptual Referencial y Operativo (ECRO)— incluye saberes transdisciplinarios provenientes de los campos del psicoanálisis, la sociología, la antropología, la Psicología Social, la filosofía y la epistemología, entre otras.

Desde la perspectiva universal que le ofrece su origen europeo, se inserta en una realidad diferente —la latinoamericana—, y desde esa fusión instrumenta su **desarrollo teórico-práctico** que lo revela como un intelectual universal, pero genuinamente latinoamericano; más aún, típicamente argentino.

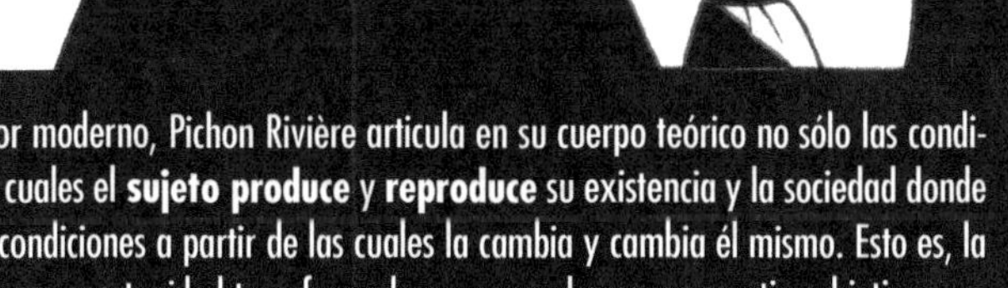

Como pensador moderno, Pichon Rivière articula en su cuerpo teórico no sólo las condiciones por las cuales el **sujeto produce** y **reproduce** su existencia y la sociedad donde vive, sino las condiciones a partir de las cuales la cambia y cambia él mismo. Esto es, la modernidad como oportunidad transformadora y como drama y angustia subjetiva.

Médico y psiquiatra, Pichon Rivière es pionero en la región en el desarrollo de la psiquiatría dinámica, el psicoanálisis freudiano y kleiniano, la terapia familiar y de grupo, las comunidades terapéuticas, el psicoanálisis de la psicosis y el análisis institucional y comunitario.

El creador de la corriente argentina de Psicología Social concibe al sujeto como un **anudamiento singular de complejas tramas de relaciones** que van desde el primer vínculo con la madre y la estructura edípica hasta las condiciones institucionales, comunitarias, políticas y sociohistóricas, incluyendo el azar.

Considera que los conceptos teóricos son instrumentos ("conceptos instrumentales") valiosos en tanto dan cuenta de una práctica específica o de una determinada "lectura de la realidad". Para sistematizar esa lectura crea un "aparato para pensar la realidad": el ECRO.

EL SIGLO DE PICHON

Cuando en 1907, en Ginebra (Suiza), nace Pichon Rivière, el siglo se abre paso, orgulloso, en un mundo cambiante y optimista. La ciencia, la tecnología y el arte parecen haber despertado al unísono y prometen a coro un mundo de progreso e igualdad crecientes.

A las posibilidades de la electricidad, develadas en la exposición de París de principios de siglo, se suman los hermanos Lumière con sus primeras experiencias cinematográficas.

En la primavera de 1905, a los veintiséis años, Albert Einstein da a conocer los fundamentos de la ley de la relatividad que cambiará los preceptos científicos de los siglos precedentes; mientras, en Berlín, el científico Robert Koch da esperanzas a los tuberculosos; en París, los *fauvistas* escandalizan a los fallecientes impresionistas.

El mismo año que nace Pichon, en un oscuro *atelier* de la capital francesa, un jovencísimo Pablo Picasso da forma a *Las señoritas de Avignón* (1907), piedra fundacional de un nuevo estilo y verdadera revolución del arte moderno: el **cubismo**. Mientras que, en Austria, Sigmund Freud echa leña al fuego de las ideas al develar un espacio misterioso y oculto del alma humana: el **inconsciente**.

Presentado como el siglo de las revoluciones científica y tecnológica, del crecimiento de las ciudades y las poblaciones, de la masificación del consumo y la irrupción y omnipresencia de las comunicaciones, el siglo XX también da cuenta de las cruentas guerras y de los genocidios escalofriantes, y, en medio de una abundancia relativa, es la centuria de la hambruna y la exclusión.

También es el siglo de las revoluciones sociales, el reconocimiento de la mujer como individuo, la irrupción de los jóvenes como colectivo y la reivindicación del niño. Y, con sus altibajos, el siglo de los derechos humanos.

En el mismo siglo que se ratifican y endiosan los paradigmas científicos surgidos en el siglo XIX, también se los aniquila y surge una ciencia perpleja, más abierta y más humana.

Una familia muy normal

Enrique Pichon Rivière nace el 25 de junio de 1907. De niño su madre lo lleva a jugar a una plaza frecuentada por el emigrado ruso y futuro revolucionario, Vladimir Ilich (Lenin). Años más tarde, a la manera de un recuerdo novelado o encubridor, Pichon cuenta que solía imaginar un mítico encuentro con el líder de la Revolución rusa.

Su padre, Alfonso Pichon, es de la Bretaña francesa y ha comenzado la carrera militar. Josefina de la Rivière, su madre, pertenece a una acaudalada familia de Lyon. Como matrimonio se integran a la alta burguesía industrial del sur de Francia.

Educada en un colegio de monjas, Josefina es una de las primeras mujeres en fumar y usar pantalones en una representación teatral. Toda una audacia para la época. Incursiona como actriz y se declara admiradora de Racine y Corneille, al punto de recitarlos de memoria. Alfonso Pichon, dado de baja de la Academia Militar por sus ideas socialistas, retoma la actividad familiar. Abocado a la fabricación de tejidos, viaja a Manchester (Inglaterra) a perfeccionarse y se instala luego con su familia en Ginebra (Suiza), donde nacen sus hijos. Su idealismo y sus convicciones socialistas alimentan la fantasía de viajar a África, refugio de su admirado poeta Arthur Rimbaud, autor de **Una temporada en el infierno**. O a América, un territorio casi mítico.

La posibilidad de ser detenidos o deportados late en el ambiente. La situación queda graba-
da en la mente del niño:

En 1910, la familia llega a Buenos Aires. Si bien se desconocen las razones por las cuales emigran a América, es probable que proyectaran explotar plantaciones de algodón y vincularlas con la fábrica textil familiar. En la Argentina, un país en crecimiento, se les facilitan las cosas, pues promueve la inmigración y concede tierras a los extranjeros.

El padre se dedica, sin éxito, al cultivo de la tierra. Las inundaciones y las langostas acrecientan las penurias de estos inmigrantes urbanos. Sin embargo, el niño disfruta de su infancia campesina.

Desde los cuatro años fui testigo y protagonista, a la vez, de la inserción de un grupo minoritario europeo en un estilo de vida primitivo. Se dio así en mí la incorporación, por cierto que no del todo discriminada, de dos modelos culturales casi opuestos.

La rudeza de los campesinos, el fantasma de los malones de aborígenes y una naturaleza agreste e indómita darán cuerpo a una personalidad singular. Por esos años, al niño se le revela un curioso secreto familiar. Él es el único hijo de su madre; sus hermanos son hijos de su padre y su primera esposa, una hermana de Josefina. Al enviudar, Alfonso Pichon se había casado con su cuñada.

El esquema de referencia de un autor no se estructura sólo como una organización conceptual, sino que se sustenta en un fundamento motivacional de experiencias vividas...

El GRAN RÍO MARRÓN

El niño aprende el guaraní, algunas palabras en toba y, cuando va a la escuela, el castellano. En su casa, el idioma sigue siendo el francés. Cuando tiene ocho años, la familia emigra a Bella Vista, en la vecina provincia de **Corrientes**. Allí, su padre vuelve a intentar el cultivo de algodón y de tabaco, sin mejor suerte.

En **Corrientes** viven primero en Bella Vista y luego se trasladan a Goya. Este poblado descansa sobre las orillas del río Paraná, cuyo cauce, a veces torrentoso y otras calmo, es fuente de fantasías e imaginerías. Río de extenso recorrido —es el más largo de Sudamérica después del Amazonas—, nace en Brasil, dibuja la frontera argentino-paraguaya y, tras recorrer casi 4.400 kilómetros, desemboca en el estuario del Río de la Plata.

En esta cultura, toda aproximación a una concepción del mundo es de carácter mágico y está regida por la culpa. Las nociones de muerte, duelo y locura forman el contexto general de la mitología guaraní. Podría decir que mi vocación por las Ciencias del Hombre surge de la tentativa de resolver la oscuridad del conflicto entre dos culturas.

En Goya, sus padres dejan la actividad agrícola para abocarse a tareas afines a sus capacidades. Su madre enseña francés y canto, y funda la Escuela Normal de Goya. Su padre se dedica a llevar la contabilidad en algunos comercios y se desempeña como profesor de matemática e inglés. Enrique Pichon se incorpora a una vida "urbana". Practica remo, ciclismo, natación, boxeo (llega a ser campeón juvenil) y **fútbol**.

Canoi, el portero del prostíbulo del pueblo, lo pone al tanto de los secretos sexuales, la vida oculta y prohibida de los pueblerinos, y le hace una revelación inesperada:

Dejo de vivir mi profunda curiosidad infantil como una culpa: le había encontrado su sentido. El psicoanálisis me abrió todos los campos, por la manera especial de indagar lo desconocido a través de lo conocido. Es posible encontrar una lógica racional en lo supuestamente "irracional".

19

En 1924, a los diecisiete años, participa en la fundación del club de fútbol "Benjamín Matienzo", donde Canoi es el primer presidente. Ese año, con otros amigos, crea el **Partido Socialista**, cuyas primeras reuniones se celebran en el prostíbulo de Goya. El joven Enrique Pichon Rivière se presenta como candidato a diputado: obtiene ocho votos. Desanimado, se aboca a la poesía.

… Encontraría otro motivo de mi afinidad con la poesía, en tanto mi niñez, precisamente, transcurrió, en gran parte, en los montes, en la selva, en plena naturaleza… ¿Y no estaba ahí, desnuda, una raíz del misterio? ¿Y acaso también una razón de mi pasión por el misterio…?

Aquello que es muerto puede ser re-creado en la obra artística. Y toda la tarea del creador es la re-creación a través del movimiento del sentimiento de muerte consciente o inconsciente en relación con aspectos determinados. Picasso es el investigador o el hombre que se ha atrevido más a frecuentar la muerte en la creación artística.
El artista es un ser de "anticipación", un verdadero "agente de cambio" embarcado en el tobogán de la espiral, creando-destruyendo un objeto anterior para recomponerlo en un nivel más alto.

(*) *Connaisance de la mort* (Conocimiento de la muerte). Poema de E. Pichon Rivière.

Rosario no es una sacristía

En 1925 se recibe de bachiller en el colegio fundado por su madre. Es un lector apasionado atrapado en las redes de **Arthur Rimbaud** (1854-1891), el poeta maldito. Ese año se traslada a **Rosario** a estudiar medicina. Instalado en una típica pensión para estudiantes, consigue un puesto como profesor de francés y de "buenos modales" de las meretrices del lujoso prostíbulo de *madame* Safo. El entusiasta estudiante "aguanta" sólo seis meses esa vida "agitada y tremenda. Esa bohemia dolorosa, sin concesiones…". Enferma de neumonía y regresa a Goya.

… estaba orientado hacia el descubrimiento de modelos simbólicos, por lo que se hace manifiesto el interjuego de roles que configura la vida de un grupo social en su ámbito ecológico.

Los pensionistas y el Francés

En 1926 llega a **Buenos Aires**. La inclinación a la vida bohemia le permite al joven Enrique, de sólo diecinueve años, vincularse con poetas y escritores. En la pensión de la calle Viamonte traba relación con el periodista y poeta **Conrado Nalé Roxlo** (1898-1971), los hermanos **Manuel** y **Julio Irazusta**, caudillos entrerrianos de orientación nacionalista, y con quien será su maestro de vida y gran amigo: el escritor **Roberto Arlt** (1900-1942).

> *Entiendo al hombre como configurándose en una praxis, en una actividad transformadora, en una relación dialéctica, mutuamente modificante con el mundo.*

(*) El joven escritor Roberto Arlt ya había alcanzado notoriedad por su primera novela, *El juguete rabioso* (1926).

Por esos años, la ciudad de Buenos Aires crece vertiginosamente. La antigua aldea ya es una metrópoli que nada tiene para envidiar a las capitales europeas. Las calles iluminadas, el traqueteo de los tranvías, los flamantes servicios telefónicos y la novedad del momento, el cine, configuran un espectáculo asombrosamente atractivo para el joven recién llegado. La relación con Arlt y Nalé vinculan a Enrique Pichon Rivière con la tradición literaria universal (especialmente con la novela rusa, furor en ese momento) y los personajes marginales de la gran ciudad, prolongación quizá del derrotero dostoievskiano en San Petersburgo.

Los nuevos escritores reniegan de la torre de marfil de la cultura oficial y comparten el escenario urbano de prostitutas, drogadictos y pasadores, escruchantes (*) y desocupados.

(*) En lunfardo, ladrones de poca monta.

Experiencias y discursos en la ciudad hacen posible que el marginal, el delincuente o el loco ingrese a la expresión artística, sobre todo a la literatura.

La "lacra" de las ciudades empieza a ser pensada como otra forma de representación de Buenos Aires. Así, lo **marginal** se vuelve socialmente visible en la cultura argentina.

Esta experiencia "bohemia" configura el sustrato inalienable sobre el que Pichon Rivière elabora su teoría, que se basa en la necesidad de colocar al **marginado** por la sociedad y al **segregado** por la familia en el **centro de la problemática** terapéutica y de la responsabilidad social.

La Psicología Social es una de las formas que asume la crítica de la vida cotidiana, una indagación permanente del acontecer cotidiano, el que por ser cotidiano e inmediato constituye, de manera fundamental, un objeto de conocimiento científico… La tarea del psicólogo social sólo puede ser comprendida desde esta perspectiva: la investigación de la realidad en que está inmerso para esclarecerse y esclarecer en la explicitación de lo implícito.

(*) *Los siete locos* (1929), segunda novela de Roberto Arlt.

El ingreso a la Facultad de Medicina y su persistente derrotero bohemio lo enfrentan con dos mundos diferentes: el orden y la disciplina del ámbito académico y sus largas noches de café y amaneceres. Un pie aquí y el otro allá le permiten ensanchar los límites de su campo de conocimiento.

Su preocupación se centra en articular los saberes psiquiátricos y psicoanalíticos con otras disciplinas. Esa "vocación articular", verdadera pasión por entrelazar campos **interdisciplinarios** —la psiquiatría con el psicoanálisis, el psicoanálisis con la literatura o la plástica—, lo lleva a transitar por los bordes.

Ese Buenos Aires de las primeras décadas del siglo XX reclama, imperiosamente, **espacios continentes** que permitan la elaboración de contradicciones entre lo nuevo (la tecnificación, la velocidad, la inmigración y migración, las nuevas relaciones con el cuerpo y entre los sexos) y el pasado: lo criollo, la tradición. Algunos espacios permiten la **articulación** y la **elaboración** de estas **contradicciones:** la calle Corrientes —con su desfile de cafés, librerías y teatros—, las orquestas de tango, las radios y las "vitrolas"(*) carraspeando en todas las esquinas, los periódicos —como el legendario diario *Crítica*— y el arte.

En la universidad traba relación con Federico Aberastury, una amistad que se prolongará en el tiempo. A través de él conoce a Arminda "la Negra" Aberastury, su hermana, estudiante de pedagogía, de quien Pichon se enamora y con quien luego se casa.

En 1930 ingresa en el entonces famoso diario *Crítica*, dirigido por Natalio Botana. Comienza escribiendo sobre deportes, pero pronto es "promovido" y hace notas sobre arte y humor. Cuando toma un poco de confianza escribe un artículo sobre los "sombrerudos" que entran y salen de los diarios *La Nación* y *La Prensa*. A pesar de la defensa de sus amigos célebres, la metáfora le cuesta el puesto.

> 66 *Conciencia crítica es el reconocimiento de las necesidades propias y de la comunidad a la que se pertenece, conocimiento que va acompañado de la estructuración de vínculos que permiten resolver esas necesidades.* 99

(*) Vitrolas, así se llamaba a los primeros tocadiscos.

Con tantas "distracciones" su carrera avanza lentamente. En 1932, aun antes de recibirse de médico, se inicia en la **práctica psiquiátrica** con oligofrénicos internados en el Asilo de Torres, cercano a la localidad de Luján, en la provincia de Buenos Aires.

Pichon denomina a estos **retardos** como "oligotimias", en contraposición a las oligofrenias. Para la reeducación de estos cuadros crea las primeras experiencias de inclusión de los oligofrénicos en grupos. El entusiasta aprendiz afirma que la **pertenencia a un grupo** y el trabajo en **equipo** son formas de dar un lugar social a los débiles mentales y, por lo tanto, operar en términos de salud con ellos.

Organiza un **equipo de fútbol** integrado por sus pacientes oligofrénicos. La estrategia que logra establecer es hacerlos correr detrás de la pelota: y así, atropelladamente, se meten en el arco con pelota y todo. Esto desconcierta a los rivales. La experiencia no resulta del todo feliz, ya que los equipos contrincantes, escandalizados ante esta "desorganización" tan eficiente, muchas veces al finalizar algún partido intentan agredir a los "exitosos" oligofrénicos.

LOS AÑOS LOCOS

"El vínculo que los ligaba a los pioneros del psicoanálisis giraba también en torno a la importancia de los descubrimientos de Freud. Enrique desarrollaba su tarea en el hospicio y fue allí mismo donde por su iniciativa se iniciaron los grupos de estudio de Freud y se originaron los conceptos psicodinámicos que concitaban la oposición de la psiquiatría oficial" (Fragmentos de la historia del psicoanálisis en la Argentina).

En 1936, tras recibirse de médico, obtiene por concurso un puesto como **psiquiatra** en el Hospicio de Las Mercedes, donde trabaja por más de quince años. Allí se enfrenta con el problema del enfermo **abandonado**. El mal trato es también un "déficit simbólico": un problema de comprensión del cuadro del paciente y de falta de reflexión conjunta por parte de los profesionales.

"Debía convencer a todo el personal del hospital de que recuperar la salud dependía del esfuerzo de todos, de las tareas que realizaran desde el enfermero hasta el jefe de sala… Estaba convencido de que el punto neurálgico de esa situación tan crítica que enfrentaba el Hospicio eran los enfermeros."

Pichon Rivière entiende que no puede encerrarse en un consultorio a intervenir sobre cada paciente, en el "uno a uno" de la psiquiatría clásica. Visualiza la **red vincular**, lo que hay de tejido social en esa institución y, de esa manera, diagnostica las **fracturas**. Descubre que existe una fractura del **vínculo** de la familia y el Hospicio: los enfermeros que reciben al paciente no saben qué decirle a la familia, no le dan explicaciones ni una prospectiva.

Así realiza el primer diagnóstico psicosocial en la Argentina. No visualiza individuos sino **tramas vinculares fracturadas** (entre la familia y la institución, entre los enfermeros y los pacientes, entre los pacientes y sus familias), que tienen como consecuencia el aislamiento y el sufrimiento de los pacientes. Sus **estrategias de intervención** buscan la articulación de dichos vínculos: capacitar a los enfermeros para que sean capaces de contener a la familia del enfermo en crisis que viene a internar, que puedan comprender el cuadro de los pacientes y comprometerse en su recuperación, trabajando mancomunadamente.

Pichon percibe rápidamente que el Hospicio es un espejo o caja de resonancia de lo que pasa afuera. La sociedad se debate entre una aristocracia criolla —que adhiere a las ideologías nazis fascistas triunfantes en Europa— y los inmigrantes —asociados con las ideas progresistas: comunistas y anarquistas—.
La violencia social de una década marcada por la injusticia y la arbitrariedad traslada sus esquemas a la vida institucional. La intuición de Pichon se ve confirmada por un hecho que lo conmueve sobremanera. Cierto día, unos pacientes, cansados de las arbitrariedades y el despotismo, asesinan al jefe del servicio, el Dr. López Lecube.

El asesinato es resultado del extremo autoritarismo con que este médico trataba a los enfermos; "como si fueran peones de estancia", recuerda. Pero este es el comportamiento general de los médicos en los hospicios. Pichon Rivière interpreta este asesinato como una rebelión de dignidad.

Los médicos de esa época tenían un trato dictatorial e irrespetuoso con los pacientes. Estas medidas todavía subsisten en cierto modo. Esa forma de enfrentar al paciente es inhumana pero, además, ineficaz desde el estricto punto de vista científico.

Pichon le propone al director del Hospicio iniciar una tarea aparentemente exótica: capacitar a los enfermeros de la Sala de Admisión. Los instruye para que aprendan a dar respuesta tanto a los pacientes que ingresan como a sus familiares. Pone énfasis en que puedan reflexionar en equipo sobre el caso de cada paciente, sepan explicarle a los internos los motivos de sus crisis y que les transmitan a sus parientes que las dolencias mentales no son un mal incurable.

El Hospicio se transforma en un **contexto de descubrimiento** para Pichon Rivière. En busca de una nueva dignidad y mejor asistencia al recluido, instituye una **lectura psicosocial** de la problemática del Hospicio, lo que da lugar a la concepción de comunidad terapéutica y, posteriormente, a la creación de una técnica: el **grupo operativo**.

(*) A los pacientes ansiosos o maníacos se les producía ex profeso una infección en el tobillo para poder inmovilizarlos.

La salud de los enfermos

A mediados de los cuarenta, ciertos problemas sindicales privan a Pichon Rivière del trabajo de los enfermeros asignados a su sala. Entonces apela a los pacientes que están en mejor condición y los instruye en un "curso de enfermería".

Esta experiencia le permite comprobar cuánto saben, y saben hacer, los pacientes en relación con otros enfermos psiquiátricos.

Pichon es pionero en los tratamientos con *electroshock*. En cierta oportunidad, el director del Hospicio cita a la prensa para comunicar la nueva adquisición. Encomienda a Pichon que muestre el funcionamiento de los equipos con una paciente.

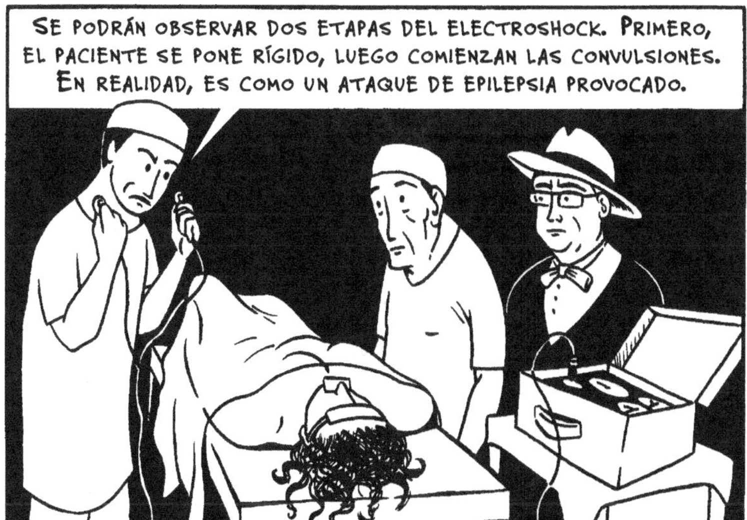

Tras la aplicación de los electrodos, la paciente queda rígida. Un silencio profundo se apodera del ambiente. Cuando pasan unos segundos la paciente comienza con las convulsiones y respiran aliviados. Todos, civilizadamente, intentan disimular el momento, pero el psicótico que oficia de ayudante delata la situación:

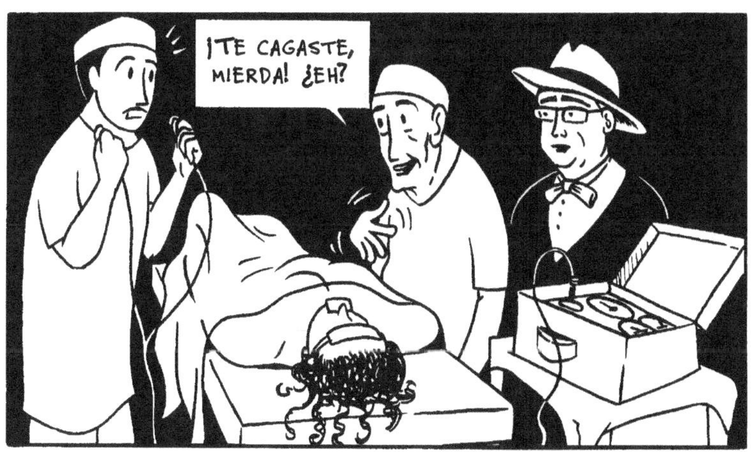

En ese período del Hospicio, Pichon Rivière realiza experiencias singulares, que serán vitales para su futuro marco teórico:

- En ese contexto de descubrimiento aplica una mirada peculiar: la **psicosocial**.
- No percibe sujetos aislados sino **vínculos**.
- Inicia experiencias a nivel institucional que más tarde se denominarán **comunidad terapéutica**.
- Realiza sus primeras experiencias de lo que luego será el **grupo operativo**.
- Impulsa el **psicoanálisis de psicóticos** (diagnóstico que suponía no ser apto para el análisis, según Freud) porque demuestra que entablan transferencia.
- Incluye a la **familia** en la comprensión del psicótico. El paciente, afirma, es el **portavoz** de la familia: el enfermo es un emergente de esa estructura que lo ha constituido.
- Crea la técnica de **terapia familiar**.

Entre sus otras inquietudes, Pichon Rivière, asociado con el escritor Aldo Pellegrini, crea la revista surrealista *Ciclos*. Si bien sólo aparecen dos números, se constituye en una experiencia pionera en la promoción de estas tendencias artísticas.

En el período que va desde 1939 hasta 1948 **articula el psicoanálisis con la psiquiatría**, y crea una nueva orientación, la psiquiatría dinámica. Sus cursos se transforman en eventos multitudinarios que atraen por su oratoria brillante, capaz de pasar con singular facilidad de la abstracción conceptual a la broma o a un ejemplo de la vida cotidiana. No es ajeno a estas nuevas miradas su análisis personal con el psicoanalista español **Ángel Garma** (1904-1993), formado en Berlín con Theodor Reik —discípulo de Freud—, recientemente llegado al país.

"La gente se reunía alrededor de mi padre para escucharlo. Era insuperable. Toda la riqueza que no tienen sus escritos (residuos del habla prolijamente redactados) la tenían sus clases. Su pensamiento y su modo de hablar formaban una unidad dinámica, seductora, generosa. De la frase iluminada pasaba al chiste tan oportuno como imprevisto; de la densidad de un desarrollo de la teoría pasaba a lo concreto, haciéndole sentir a cada uno de los que estaban presentes que el conocimiento es posible, que todo aprendizaje es un tránsito vital, una iniciación. No tenía ninguna pasión por la escritura. Su pasión estaba en la palabra dicha, en la palabra compartida con el discípulo. Le gustaba comparar su actitud con la de Sócrates"(*).

(*) Marcelo Pichon Rivière, "Retratos de unas miradas de mi padre", revista *Uno Mismo*.

Por esos años llega al Hospicio el poeta uruguayo **Edmundo Montagne** con una fuerte depresión. A través de él, Pichon accede a la obra del escritor francés de origen uruguayo **Isidoro Ducasse**, más conocido como **Conde de Lautréamont** (1846-1870). Al igual que Lautréamont, Montagne se suicida al poco tiempo.

Pichon escribe tres artículos sobre el poeta: *Notas para la biografía de Isidoro Ducasse, Conde de Lautréamont; Lo siniestro en la vida y en la obra del Conde de Lautréamont* (ambos en 1946) y, muchos años después, *A cien años de la muerte de Lautréamont. Los cantos de Maldoror* (1974).

(*) Conde de Lautréamont, *Los cantos de Maldoror.*

Hijo de franceses, nacido en el Uruguay, el **Conde de Lautréamont** es considerado precursor del surrealismo surgido a comienzos del siglo XX. Su infancia transcurre en Montevideo y, según se dice, toma su seudónimo de la novela histórica *Lautréamont* del escritor francés Eugène Sue, cuyo personaje principal es empujado a la revolución y la blasfemia por su arrogancia sobrehumana. Sin embargo, Pichon Rivière señala que Lautréamont (*l'autre á Mont*) significa "el otro en Mont(evideo)".

En 1868 publica unos largos cantos en prosa con el título de *Los cantos de Maldoror,* cuatro años más tarde les incorpora otros cinco fragmentos. Su personaje central, una figura demoníaca que aborrece a Dios y la humanidad, se muestra bajo todos los modos del horror y la corrupción. Con un lenguaje impactante y desasosegado, describe episodios de pesadillas con sepultureros, pederastas, vampiros y criaturas misteriosas. La obra registra un desfile asombroso de imágenes **delirantes** y **blasfemas**, eróticas y escatológicas, pero su estilo y lenguaje la convierten en un paradigma del modo alucinatorio y apocalíptico de escritura al que luego apelarían los surrealistas. Es autor también de *Poesías* (1870), versos paradójicos sobre la expresión poética. De su vida en París se sabe poco y su muerte sigue siendo un misterio. Aunque corrió el rumor de que había sido asesinado por orden de Napoleón III, otras fuentes indican que se habría suicidado o se habría dejado morir.

En 1946, invitado por el gobierno uruguayo por el centenario del nacimiento de Lautréamont, dicta una serie de conferencias sobre el autor. Analiza *Los cantos de Maldoror* como si fuera una crónica del mundo interno del autor.

> Imagino al niño Isidoro Ducasse contemplando desde la azotea de su casa, muy próxima al río, la inmensidad del gran estuario, como él llamaba al Río de la Plata, poblado de embarcaciones extranjeras durante el sitio de Montevideo. (...) La atmósfera sádica y traicionera del sitio, con sus decepciones, sus luchas intestinas, sus crueles hazañas de degollinas y descuartizamientos configuró sus primeras experiencias y su concepción de la vida(**).

(*) *Los cantos de Maldoror*, Conde de Lautréamont. (**) *El proceso creador*, E. Pichon Rivière.

Simultáneamente a su actividad profesional y sus investigaciones, Pichon Rivière escribe artículos para diferentes publicaciones. En 1948 publica "Historia de la psicosis maníaco-depresiva", donde se encuentran los fundamentos de su teoría sobre la "enfermedad única".
Este trabajo forma parte del libro *Psicoanálisis de la melancolía,* editado por la Asociación Psicoanalítica Argentina(*). Durante toda la década del cuarenta sus trabajos giran alrededor de tres temas:

(*) La Asociación Psicoanalítica Argentina (APA) fue fundada en 1942 por un grupo integrado por Ángel Garma, Arnaldo Rascovsky, Ernesto Cárcano y Enrique Pichon Rivière.

El cuerno de Picasso

Tras quince años de una práctica que revoluciona el viejo Hospicio de Las Mercedes, con la llegada al gobierno del general **Juan D. Perón** (1946-1955), Pichon Rivière es apartado de su cargo bajo la acusación de permitir la homosexualidad en la Sala de adolescentes. Había creado para ellos el **primer servicio especializado en adolescentes psicóticos** de América, precisamente para evitar que quedaran a merced de los abusos de los psicóticos adultos.

La mentalidad fascista de los sectores de ultraderecha interpreta como perversos el entusiasmo, la alegría y la solidaridad de los internos, así como la creación de nuevos vínculos, las prácticas instituyentes y la producción de saberes.

> *La lucha siguió, especialmente porque había razones políticas. Mi servicio estaba frente al pabellón de practicantes, donde, de hecho, vivía una serie de personas pertenecientes a una fracción aliancista. Era el foco de la difamación y la agresión. Llegaron a tirarme pedazos de ladrillos, y no me hirieron por casualidad y porque mis pacientes me protegían. (…) La infamia crecía, al punto de que, sin dar la cara, lanzaron la acusación de que yo consentía la homosexualidad. Para hacerla verosímil, arrojaron preservativos alrededor de mi sala. Pero se comprobó que los preservativos no habían sido utilizados. Asqueado, me decido a renunciar. (…) No había cargos concretos en mi contra pero mis trabajos habían creado mucha resistencia en ciertos grupos políticos… (…) Nunca olvidaré la despedida que me brindaron todos mis pacientes. Vi llorar a algunos de ellos y yo no podía explicar las razones de mi partida. Tampoco olvido las últimas horas, las más dramáticas. Mis pacientes, desesperados por un alejamiento que para ellos simbolizaba su propia desesperanza, querían enfrentar, armados con algunos cuchillos, a los aliancistas… Me costó muchísimo evitar el enfrentamiento, la masacre. Así terminó mi trabajo, mi lucha en el Hospicio(*).*

(*) *Conversaciones con Enrique Pichon Rivière*, de Vicente Zito Lema.

LOS AÑOS CINCUENTA

Los últimos años de la década del cuarenta ubican a Pichon como uno de los referentes más prestigiosos del psicoanálisis. La disciplina, que toma un auge inusitado, genera discusiones y controversias. El público lego se apropia de los conceptos centrales del psicoanálisis, que se discute no sólo en los claustros universitarios sino en los hogares, en los bares y restaurantes. Por esos años crea el **Instituto Privado de Asistencia, Enseñanza** e **Investigación** conocido como "la clínica de la calle Copérnico", e instala el consultorio en su propia casa, siempre con un psicótico como secretario. Uno de estos sufre el mal de *Gilles de la Tourette,* cuyo principal síntoma es que el enfermo tiene, por momentos, la compulsión a decir malas palabras.

Luego de insultar durante unos minutos, el psicótico se queda tranquilo y puede cumplir con su función normalmente. En una oportunidad, Pichon le pide que haga pasar a una paciente. Mientras la paciente sube por el ascensor, el psicótico sufre un ataque.

En 1951 viaja a Londres, donde expone su luego famosa tesis sobre la **transferencia** en los pacientes psicóticos. Esta postura contradice las afirmaciones de Sigmund Freud, quien había sostenido que los psicóticos no podían acceder al psicoanálisis por su **imposibilidad de transferencia**.

Con Pichon viaja su esposa, Arminda Aberastury, también prestigiosa psicoanalista, que traba relación con el referente más importante en psicoanálisis infantil: la austríaca **Melanie Klein** (1882-1960), con quien realizan una serie de controles.

Luego viajan a Francia, donde Pichon afianza su antigua relación epistolar con **Jacques Lacan** (1901-1981).

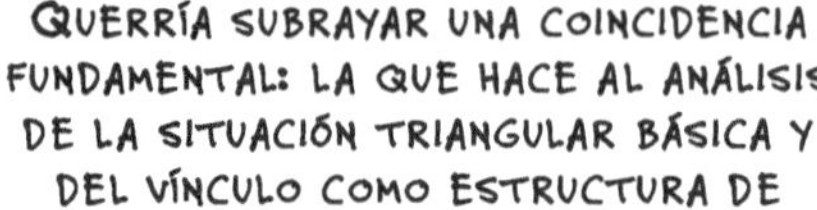

En París, en el café de la *Place Blanche* y en presencia de los poetas André Breton, Benjamin Péret, Tristan Tzara y otros integrantes del movimiento surrealista, ofrece una histórica conferencia sobre Lautréamont.

BRETON, PERET, TZARA, ARMINDA ABERASTURY, PICHON Y OTROS

En esa visita a Francia es consultado —por pedido de Breton— por el psiquiatra que atendió al poeta, dramaturgo y actor **Antonin Artaud** (1896-1948), figura emblemática del teatro y portador de una enfermedad mental crónica. Luego participa de la **XIV Conferencia de Psicoanalistas de Lengua Francesa**, donde presenta su trabajo "Algunas observaciones sobre la transferencia en pacientes psicóticos". En diciembre se traslada a Ginebra, donde da una serie de cursos sobre "El análisis en pacientes esquizofrénicos".

De regreso en Buenos Aires, Pichon se aboca a los temas que ocuparán gran parte de la naciente década: el desarrollo del psicoanálisis y la sistematización de las experiencias grupales y de **laboratorio social**.

En ese Instituto, acompañado por los psicoanalistas **José Bleger** y **David Liberman**, crea la Escuela de Psiquiatría Dinámica y da comienzo a lo que sería su vasta tarea en la búsqueda de articulaciones entre el psicoanálisis, los grupos, las manifestaciones culturales y las organizaciones sociales.

Este intento de "ir por afuera" de la Asociación Psicoanalítica Argentina (APA), institución rectora de la disciplina, obedece además a una disposición oficial del gobierno de Juan D. Perón. Su ministro de Salud, el médico Ramón Carrillo, amenaza a la institución con demandar por "ejercicio ilegal de la medicina" a los psicoanalistas que no tengan título previo de médico. Tras el llamado "Decreto Carrillo", la APA "se sintió forzada a cambiar los estatutos del Instituto en lo que tenía que ver con las condiciones de admisión, y se decidió a exigir, de ahí en adelante, el título de médico. Los miembros legos que ya habían entrado seguirían perteneciendo a la institución"(*).

El hombre que siempre se empecina en caminar por los bordes empieza a **prefigurar una nueva disciplina** que le granjeará, por cierto, satisfacciones y disgustos. Una teoría psicológica con **profundo enraizamiento en lo social** empieza a abrirse a la sociedad mientras los especialistas en salud mental se abroquelan entre títulos académicos y trámites burocráticos. Tras el golpe militar de 1955 que derroca a Perón, Pichon se dispone a dar un nuevo giro sobre su actividad: la Escuela de Psiquiatría Dinámica pasa a llamarse **Escuela de Psiquiatría Social** y bajo su dirección participan profesores del núcleo de la carrera de Psicología porteña: los mencionados Bleger, Liberman, Fernando Ulloa, entre otros.

(*) Fragmentos de la historia del psicoanálisis en la Argentina.

Experiencia Rosario

En 1958 se lleva a cabo la llamada **Experiencia Rosario:** por primera y única vez se toma como material de una investigación a toda una ciudad y además ratifica su concepción de la investigación social como **indagación operativa**.

La dimensión y la heterogeneidad de la población hicieron de este laboratorio social un acta de fundación de la técnica de **grupos operativos**. Cerca de mil personas —desde profesores universitarios hasta boxeadores, incluyendo a un buen número de estudiantes de psicología y medicina, con la coordinación de veinte analistas— se reúnen durante un largo fin de semana para "pensar y discutir Rosario", principal ciudad industrial de la provincia de Santa Fe, en el litoral argentino.

El "encuentro" psicológico abrió los ojos a los rosarinos sobre las aplicaciones del psicoanálisis fuera del consultorio. Era algo así como **el psicoanálisis en la calle**. En rigor, la **Psicología Social** como crítica de la vida cotidiana.

Entre los estudios motivacionales realizados por Pichon, tuvo particular relevancia el realizado alrededor de la figura de **Richard Nixon**, entonces vicepresidente de los Estados Unidos y postulado para la presidencia que posteriormente ganó **J. F. Kennedy**. Por el gran sentimiento *antiyanqui* que habían detectado las investigaciones, Pichon pronosticó disturbios. Esto fue verificado vivamente en la visita que hizo Nixon a México. Tras ser abucheado, canceló sus visitas al resto de Latinoamérica.

También realiza estudios motivacionales sobre envases (latas de tomate): "Vivimos en la sociedad del envase", decía. Otra sobre medicamentos y una investigación de campo sobre los mineros de Río Turbio (provincia de Santa Cruz), en la Patagonia argentina.

Hacia el año 1956, Pichon Rivière se separa de Arminda Aberastury, con quien había tenido tres hijos: Enrique, Joaquín y Marcelo. En el verano de 1958 conoce a Cándida Nidia *"Coca"* Esmeralda Carrió, quien arrastra un cuadro de depresión provocado por la muerte de una hija en un matrimonio anterior. Un año después se casa con Coca, de 34 años; Pichon tiene 52. Finalmente, en 1964, Coca muere en un accidente automovilístico.

Los años sesenta despiertan con singular brío creativo. En Buenos Aires, el Instituto Di Tella y sus bares aledaños reúnen las **vanguardias** artísticas del momento. "El entorno de Florida y Viamonte(*) era definidamente joven y estaba impregnado en los símbolos políticos de la izquierda. El Di Tella, en donde se respiraba un clima de vanguardia estética, no siempre se daba bien con la vanguardia política. Ambos polos, sin embargo, compartían un público con intereses cruzados a veces y superpuestos en algunos valores básicos. Uno de ellos era, sin lugar a dudas, el psicoanálisis"(**).

Todo es polémica o fanática adhesión. Se lee a **Albert Camus**, **Jean-Paul Sartre** y **Julio Cortázar**. Las películas de **Bergman**(***) son objeto de culto, el cine club Núcleo agota sus entradas y el teatro independiente llega a su apogeo con las grandes creaciones dramáticas modernas.

(*)   Calles céntricas de Buenos Aires, alrededor del mítico Instituto Di Tella, una institución privada que fomenta el arte y la investigación.
(**) Balán, Jorge. *Cuéntame tu vida*, Editorial Planeta.
(***) **Bergman, Ingmar**. Cineasta sueco. Dirigió, entre muchas otras, *El séptimo sello, El manantial de la doncella, El huevo de la serpiente* y *Fanny y Alexander*.

UNA NUEVA DISCIPLINA EN EL CAMPO DE LAS CIENCIAS SOCIALES

A comienzo de los sesenta, Pichon da a conocer tres trabajos fundamentales. El mencionado artículo sobre **técnica de grupo operativo** y otros **dos** aportes:

- *Tratamiento de grupos familiares: psicoterapia colectiva.* Con este trabajo, Pichon Rivière se erige como creador en Argentina de la psicoterapia familiar, y se suma al auge que experimenta la psicoterapia grupal, que reconoce localmente su antecedente en Pichon.
- *Empleo de Tofranil en psicoterapia individual y grupal.* Allí enuncia por primera vez su Esquema Conceptual Referencial y Operativo. Lo denomina ECRO, significante que elige para designar su teoría, a la que ubica dentro del **campo de la Psicología Social** y no del psicoanálisis.

Estos trabajos reafirman una característica esencial de Pichon como intelectual y pensador: el trabajar en los **bordes disciplinares**, articulando saberes heterogéneos e impulsando al psicoanálisis a expandirse hacia campos de prácticas diferentes del consultorio privado.
Pichon entiende que la dimensión de lo **vincular** no es abordada por la **sociología** –que se ocupa de los fenómenos macro–, ni por la **psicología** –que encuentra su pertinencia en los fenómenos psi de sujetos singulares–, ni por la **antropología** –que se ocupa de subjetividades y cultura–. Por ello se propone crear una nueva disciplina, un nuevo campo de saber dentro de las **Ciencias Sociales**: la Psicología Social.

La vida cotidiana

En 1962 comienza a publicarse *Primera Plana*, un semanario creado por el periodista **Jacobo Timmerman**, destinado a hacer historia en el periodismo argentino. El editor adjudica tal importancia al psicoanálisis que el artículo de tapa del primer número se titula "¿Somos todos neuróticos?".

"Primera Plana, que hegemonizó la formación de la opinión pública porteña durante una década, calificaba la neurosis como la enfermedad de nuestro tiempo, que permitía un 'saludable estado financiero' a los psicoanalistas…
Con precisión, el cronista presentaba a sus lectores las corrientes fundamentales del psicoanálisis y sus líderes en la Argentina, y citaba 'las teorías del sector de psicoanalistas que orienta el Dr. Enrique Pichon Rivière, quien reconoce la imposibilidad de curar al enfermo mental sin ejercer una acción sobre todo el núcleo familiar'…"(*).

(*) **Balán, Jorge**. *Cuéntame tu vida*, Editorial Planeta.

Entre abril de 1966 y mayo de 1977, Pichon Rivière publica semanalmente notas cuya orientación daría luego el título a su libro *Psicología de la vida cotidiana*. Este trabajo fue encarado, según sus propias palabras, como "la exigencia de una indagación permanente del acontecer cotidiano, el que por ser cotidiano e inmediato constituye, y de manera fundamental, un objeto de conocimiento científico. La tarea del psicólogo social sólo puede ser comprendida desde esta perspectiva: la investigación de la realidad en que está inmerso para esclarecerse y esclarecer en la explicitación de lo implícito".

Los contenidos de las notas giran alrededor de temas muy diversos, pero todos muy porteños: *El ocio, La moda, El rumor, Fútbol y política, La noche: una comunidad, La violencia*, etc.

Psicología de la vida cotidiana representa una toma de posición como intelectual. Pichon postula la Psicología Social **como instrumento para una crítica de la vida cotidiana.**

EL CAMPO DE ACCIÓN DEL PSICÓLOGO SOCIAL ES EL DE LOS MIEDOS.

CUANDO EL HOMBRE DE LA CALLE DESCUBRE QUE EL ENGRANAJE SOCIAL EN EL QUE SE AMPARA SE HALLA EN PLENA REVOLUCIÓN Y ENTIENDE QUE LAS NORMAS FIJAS SOBRE LAS QUE SE DESLIZA PLÁCIDAMENTE SU VIDA COTIDIANA SE HAN MODIFICADO, ES SACUDIDO POR UN SENTIMIENTO DE INSEGURIDAD: LA INQUIETUD DE SENTIR QUE EL PISO CEDE BAJO SUS PIES.

UNA SOCIEDAD ESTABLE LE PERMITE AL INDIVIDUO RECONOCERSE A TRAVÉS DE UNA SERIE DE FUNCIONES FIJAS QUE ACTÚAN COMO ESPEJOS... PERO HOY ESOS ESPEJOS, COMO LOS DE UN SINIESTRO PARQUE DE DIVERSIONES, DEVUELVEN UNA IMAGEN DISTORSIONADA E IRRECONOCIBLE.

EL RUMOR TIENE UN CONTENIDO MANIFIESTO Y OTRO LATENTE QUE PUEDE SER INTERPRETADO, OPERATIVAMENTE, COMO UN SUEÑO. PODRÍA CARACTERIZÁRSELO COMO UNA PROFECÍA EQUIVOCADA QUE, SIN EMBARGO, LOGRA CUMPLIRSE A SÍ MISMA A TRAVÉS DE ESTE MECANISMO.

EL FÚTBOL... ESA MISTERIOSA SÍNTESIS ENTRE LA GUERRA Y LA FIESTA.

El baile de la computadora

En 1966, un popular club nocturno, *Mau Mau*, organiza el llamado "Baile de la computadora". Allí Pichon realiza una particular experiencia: distribuye un cuestionario de veinte preguntas entre las doscientas parejas participantes. Luego cargan los datos en la computadora y ésta selecciona cien parejas de acuerdo con criterios preestablecidos. Las parejas armadas por la computadora no coinciden con ninguna de las parejas participantes.

Ésta es una de las primeras experiencias masivas donde se hace intervenir a una computadora en relación con una suerte de sociograma cibernético. Esta experiencia muestra el carácter **lúdico** de Pichon y su inclinación a montar "laboratorios sociales" como dispositivos de investigación o descubrimientos.

Estas experiencias sociales están estrechamente vinculadas con la **vanguardia artística** que funciona como novedad y como transgresión ante un sistema político que se muestra intolerante.

> *El artista es un ser de "anticipación", un verdadero "agente de cambio", embarcado en el tobogán de la espiral, creando, destruyendo un objeto anterior para recomponerlo en un nivel más alto.*

La Escuela de Psicología Social

Ese mismo año (1967) decide redefinir su **proyecto institucional formativo**. Así cambia el nombre de su Escuela de Psiquiatría Social, creada en la década anterior, por el de **Primera Escuela Privada de Psicología Social**. Esta denominación también implica un cambio de posicionamiento respecto de su estrategia formativa y como proyecto de su producción.

La propuesta pichoneana no sólo amplía el espectro de los posibles interesados, sino que delinea con nitidez el campo de saber que él desea indagar, aplicar y transmitir. Su impronta es la **presencia**. Los alumnos lo abordan en los pasillos o en el bar, uno de sus lugares favoritos. Siempre atento a las preguntas y dispuesto a las respuestas.

> *Dentro de esa problematicidad, ambigüedad de la vida cotidiana, de la vida social, tenemos que ubicar la problemática de la ciencia… Ese complejo de la ciencia, esa funcionalidad de la ciencia, esa racionalidad o cientificidad de la ciencia (es lo) que nosotros vamos a cuestionar en su validez.*

El golpe militar del general Onganía, luego ungido presidente, tiene consecuencias fatales para la universidad pública. Algunos profesores deben emigrar y otros, buscar alternativas académicas. En 1967, comienzan las clases en la **Escuela de Pichon Rivière**, con profesores de la facultad de Psicología. En el plantel docente están, entre otros, **José Bleger, Armando Bauleo, Fernando Ulloa, Eduardo Pavlovsky, Hernán Kesselman, Oscar Masotta...**

El poder de convocatoria de Pichon colma las aulas de la flamante escuela ubicada en Viamonte y Pueyrredón, en el Barrio Norte de Buenos Aires. Un público muy heterogéneo espera con expectación las clases del prestigioso maestro.

Gran didacta, Pichon pasa de lo teórico conceptual a un ejemplo o metáfora con una facilidad asombrosa. Afable y jocoso, elude toda formalidad. En cierta oportunidad, pone un televisor en la clase para ver un partido de fútbol que él, en principio, no quería perderse. Luego invita a los alumnos a analizar el juego en función de las estrategias grupales y la complementariedad de roles en los equipos.

Pichon y la Asociación Psicoanalítica Argentina

En la formación inicial de la **APA** se dan dos posturas bien diferenciadas. La **horizontal**, defendida por Rascovsky y Pichon Rivière —que evitan una "dependencia" del analista—. Y una posición **verticalista** (ortodoxa), sostenida por el español Garma, virtual "maestro" de todos los psicoanalistas locales.

Según esta postura, el psicoanalista no debía tener relación con los pacientes, debía analizarse cuatro veces por semana y evitar adornos en las paredes, y no podía acceder a ninguna solicitud del analizado, excepto la de interpretar.

El clima de liberalidad de los años sesenta acentúa los desencuentros y la institución entra en crisis.

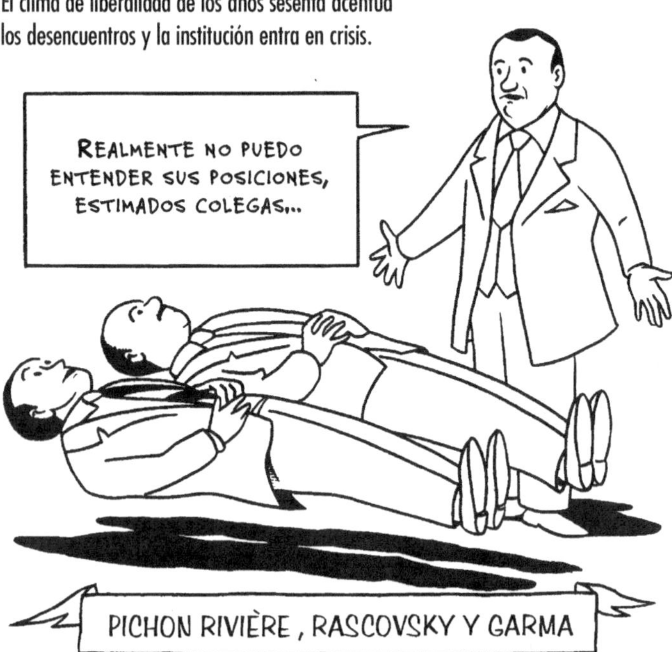

"La formación de los profesionales tendió al modelo cerrado. Es decir, restringió la admisión de candidatos que debían contar con la recomendación del analista y atravesar por un mecanismo de aprobación severo —entrevistas con miembros del comité respectivo, pruebas psicológicas, un relato de la historia de vida del entrevistado— antes de ingresar a un programa rígido de seminarios y supervisiones dentro del instituto. En los años sesenta, dichas restricciones se profundizaron debido al alargamiento de la espera para lograr la admisión y a la prolongación de los seminarios a cuatro años de estudio"(*).

(*) **Balán, Jorge.** *Cuéntame tu vida, Editorial Planeta.*

El movimiento de reforma

Los años sesenta encuentran a Pichon abocado a la **fundamentación** y **transmisión** de su ECRO, a partir de su Escuela de Psiquiatría Social, primero, y de la **Primera Escuela Privada de Psicología Social**, luego.

La politización de esa década incluye a la otrora ortodoxa **Marie Langer**, quien se había vuelto permeable a las posturas políticas de jóvenes militantes, que reflejan las enseñanzas de Pichon y la política activa en las instituciones de salud mental. Los grupos llamados "Documento" y "Plataforma" —nutridos por jóvenes de la corriente kleiniana— reclaman la recuperación de una ideología revolucionaria en cuanto al lugar del psicoanálisis en la sociedad y la democratización interna de la APA.

Estos grupos critican el elitismo de la APA, incongruente con la idea de un psicoanálisis transformador en lo social. Reunidos bajo la guía teórica de Pichon Rivière y de José Bleger, realizan trabajos en colaboración con el nuevo sindicalismo y estudian la relación entre psicoanálisis y marxismo. Al mismo tiempo se definen como **trabajadores de la salud mental**.

Mayo Francés y "el Cordobazo"

La agitación de los estudiantes europeos que eclosiona en mayo del 68 tiene su traducción casi inmediata en los movimientos obrero-estudiantiles de la Argentina. El "Cordobazo"(*) da pie a una semana de movilización masiva y de lucha callejera con varios muertos. La APA suspende sus actividades y publica una solicitada en los diarios lamentando la incomprensión del gobierno nacional frente al movimiento juvenil de esa ciudad.

A mediados de 1969, un grupo de jóvenes de varias asociaciones europeas organiza en Roma un congreso paralelo que apunta contra la institución psicoanalítica oficial. Por la Argentina asisten Armando Bauleo y Hernán Kesselman —discípulos de Marie Langer— y Enrique Pichon Rivière y José Bleger. Se forma "Plataforma Internacional", donde propugnan la recuperación de una ideología revolucionaria para el psicoanálisis en la sociedad, la reorganización de la carrera analítica, la modificación de los requisitos de ingreso y la democratización interna de la APA. Además de los mencionados se suman Marie Langer, Emilio Rodrigué, Gregorio Baremblitt y Eduardo "Tato" Pavlovsky, entre otros.

La temperatura política de la década, la intolerancia y el cambio de objetivos e intereses sumen a la APA en una profunda crisis que deriva en la renuncia en masa de alrededor de treinta miembros. A pesar de su clara consonancia con los disidentes, Pichon no renuncia como integrante de la institución.

(*) **Cordobazo**. Nombre con el que se conocen las jornadas de violencia insurreccional protagonizadas por estudiantes y obreros, en la ciudad argentina de Córdoba durante mayo de 1969. La protesta, que cobró varias víctimas, terminó derrocando al presidente de facto, general Juan Carlos Onganía, en junio del año siguiente.

Un pasaje fundamental

En 1969, Pichon Rivière viaja a Europa invitado al Congreso Internacional de Psiquiatría social, del que es relator oficial. Presenta su trabajo "Estructura de una Escuela destinada a la formación de psicólogos sociales". En París se entrevista nuevamente con J. Lacan. A comienzos de la década del setenta, publica los tres tomos de *Del Psicoanálisis a la Psicología Social*. El eje de su trabajo continúa siendo la fundamentación de su ECRO, ahora con precisiones conceptuales tanto teóricas como técnicas.

Parte del grupo renunciante de la APA se vuelca a la Federación Argentina de Psiquiatras (FAP), que centra sus esfuerzos intelectuales en la lucha gremial y política. Presidida por Marie Langer, junto a la **Asociación de Psicólogos** y la **de Psicopedagogos** forman la Coordinadora de Trabajadores de la Salud Mental (1972), con el propósito de agrupar a todos los profesionales de la salud mental en hospitales públicos y en centros de salud.

La Coordinadora, sin embargo, tiene más impacto en el área docente que en la gremial. **El Centro de Docencia** e **Investigación** se convierte en una enorme escuela informal con más de mil estudiantes. Se estudia Teoría psicoanalítica, Psicopatología, Filosofía marxista y Psicología institucional.

Este proyecto pedagógico, del que participa Pichon Rivière, pretende **romper la estratificación** y **la fragmentación de los grupos profesionales** dentro de la salud mental: psicoanalistas, psicólogos sociales, psiquiatras y psicólogos. Floreciente en la irrupción del peronismo en 1973(*), sufre la represión con el cambio de timón ideológico a partir del año siguiente.

Comienzan a difundirse "**listas negras**", en las que aparecen los nombres de Marie Langer, Emilio Rodrigué y otros miembros de la organización que se ven obligados a abandonar el país. El propio Pichon Rivière recibe **amenazas** de parte de la temible Asociación Anticomunista Argentina, tristemente conocida como "la Triple A".
Sin embargo, Pichon Rivière no emigra y mantiene la Escuela abierta. Se le aconseja, de todas maneras, que por precaución no permaneciera en su departamento durante la noche (los "secuestros" solían ser nocturnos).

(*) En marzo de 1973, el delegado de J. D. Perón, **Héctor J. Cámpora**, se impone masivamente en las elecciones e inicia un período marcado por el predominio de la llamada "tendencia" peronista (de izquierda) que sufrirá un severo revés al año siguiente cuando los sectores de la derecha peronista coopten el poder.

En medio de presiones y dificultades, Pichon continúa con su labor docente, su trabajo de psicoanalista y sus eternas lecturas. A punto de cumplir sesenta y nueve años, muy debilitado por algunas complicaciones en su salud, recibe la vista del periodista y escritor Vicente Zito Lema.

En 1976, tras un año de reuniones donde revisan temas y anécdotas, se publica *Conversaciones con Enrique Pichon Rivière*, con la firma de Vicente Zito Lema, bajo el sello Timmernan editores. Jacobo Timmerman, por entonces director del diario *La Opinión,* y viejo conocido del proyecto *Primera Plana,* será otra de las víctimas del naciente golpe militar, conocido popularmente como "el proceso" (en alusión al pomposo nombre dado por los propios golpistas: "Proceso de Reorganización Nacional", 1976-1983).

Festejo y despedida

En 1977 se festejan "Los primeros 70 años del maestro". Una multitud se reúne en el Teatro SHA y una larga lista de oradores ofrecen su tributo a Pichon. Entre otros, desfilan el actor Federico Lupi, el músico Homero Espósito y el periodista Ulises Barrera. Algunos psicoanalistas, como Hernán Kesselman, Salomón Resnik y Tato Pavlovsky, le escriben desde el exilio. Poetas, psiquiatras, psicólogos sociales, psicoanalistas, actores, comentaristas deportivos, letristas de tango, plásticos y músicos. Numerosos telegramas y cartas llegan desde el exterior.
Se interpretan escenas de obras de teatro, se leen poemas del Conde de Lautréamont, actúan conjuntos musicales, se recitan poemas. Al finalizar, Pichon sorprendido mira desde el frente. Su figura delgada, frágil ya, pero firme, recibe de pie, serenamente, la ruidosa coronación de una platea merecidamente adicta.

El festejo tuvo la emoción de una despedida. A los pocos días, el 16 de julio, a los setenta años, Enrique Pichon Rivière muere.

III. LA PSICOLOGÍA SOCIAL SEGÚN PICHON RIVIÈRE

La producción teórica de Enrique Pichon Rivière, que culmina con la conceptualización de la Psicología Social, se desarrolla en tres grandes etapas que coinciden con las décadas del cuarenta, cincuenta y sesenta.

Sus trabajos en los cuarenta se refieren fundamentalmente a temas de **psiquiatría**, **psicoanálisis** y **medicina psicosomática**. Realiza investigaciones en narcoanálisis, en psiquiatría infantil y también las ya señaladas indagaciones sobre la creación artística en la obra de Pablo Picasso y el Conde de Lautréamont.

En esta época sus aportes personales tienen que ver con:

1. El PSICOANÁLISIS DE LA PSICOSIS Y EL DESARROLLO DE UNA PSIQUIATRÍA DINÁMICA

Su lucidez para articular diversos saberes (que luego denominará *epistemología convergente*) y su gran capacidad docente —la claridad con que transmite los cuadros psiquiátricos desde una perspectiva psicoanalítica— lo convierten en faro de los jóvenes psiquiatras y psicoanalistas.

Durante esta década, su producción teórica abarca la indagación de cuadros psiquiátricos como la esquizofrenia, la epilepsia, la psicosis maníaco-depresiva, enfermedades psicosomáticas —como la jaqueca, la úlcera— y aspectos psicosomáticos de trastornos reumatológicos, entre otros.

Además, tanto en sus artículos como en sus seminarios, Pichon niega la oposición entre psiquiatría y psicoanálisis.

2. La CONCEPCIÓN DEL SUJETO Y DEL INCONSCIENTE HUMANO COMO DE NATURALEZA SOCIAL

Esta concepción emerge del análisis de la obra poética y plástica de **Lautréamont** y **Picasso**. Allí, Pichon Rivière plantea el origen familiar y cultural-político-social de las **fantasías inconscientes** individuales.

3. Conceptualización de su teoría de la enfermedad única

Pichon Rivière piensa que lo que caracteriza a la cultura occidental y moderna es la **alienación** y la **anomia** (pérdida de valores) propias de un capitalismo de consumo. El sujeto se siente inseguro y mantiene una **relación fragmentada** y **transitoria** con sus vínculos sociales y con la realidad. A esto se agrega la **incertidumbre** ante los cambios económicos y políticos que repercuten en la familia. Su teoría de la enfermedad única ubica a la depresión como el origen de toda enfermedad.

LAS PSICOSIS SE ORIGINAN EN UNA SITUACIÓN BÁSICA GENERAL DE CARÁCTER DEPRESIVO, DE DONDE SURGEN LAS OTRAS FORMAS O SINTOMATOLOGÍAS DE LA ENFERMEDAD, COMO TENTATIVAS DE RESOLVER DICHA SITUACIÓN BÁSICA.

Cuando empiezan a perturbarse los sistemas de comunicación, el sujeto llega a situaciones de aislamiento progresivo y de desintegración, donde es posible observar un fenómeno patológico colectivo, descrito por Durkheim, que es la anomia. Y que tiene las características, tanto en el plano individual como en el social, de una desintegración, fragmentación y división. Enfrentamos así una sociedad escindida, constituida por individuos escindidos.

El sujeto se ve impotente en el manejo de su rol y esto crea un umbral bajo de tolerancia hacia la frustración en relación con su nivel de aspiración. La vivencia del fracaso inicia el proceso de enfermedad, configurando una estructura depresiva. La alienación del vínculo con su tarea se desplaza a vínculos con objetos internos.

EL CONFLICTO EN SU TOTALIDAD SE HA INTERNALIZADO PASANDO DEL MUNDO EXTERNO AL MUNDO INTERNO CON SU MODELO PRIMARIO DE LA SITUACIÓN TRIANGULAR.

Esta depresión, que aparece con los caracteres estructurales de una depresión neurótica o neurosis de fracaso, sume al sujeto en un proceso regresivo. El grupo familiar, en estado de anomia frente a la enfermedad de un miembro, incrementa la depresión del sujeto. Estamos en el punto de partida que, en un proceso de regresión, se va a articular con una estructura depresiva anterior, reforzándola.

La etapa de las investigaciones sociales

Durante la década del cincuenta, Pichon se aboca a la sistematización de las experiencias grupales y de laboratorio social a través del Instituto Argentino de Estudios Sociales (IADES). En este período desarrolla:

1. Una investigación para **el pasaje del monocultivo** al pluricultivo en la provincia de Tucumán (en el Norte argentino).
2. Una investigación acerca del **consumo de alcohol** en las minas de Río Turbio (provincia de Santa Cruz).
3. El prejuicio **antijudío** en las instituciones argentinas (militares, educativas, empresariales, gubernamentales, etc.).
4. La **experiencia Rosario**.
5. La primera **investigación política** con pronóstico electoral.
6. Una investigación para saber qué **fondo de actitudes** había ante la eventual visita del vicepresidente estadounidense Richard Nixon, que finalmente no viajó.
7. Una **investigación de comunicación** para la creación de un diario.
8. Investigación motivacional acerca de **productos medicinales**.
9. El comienzo de la sistematización técnica y teórica de las **experiencias grupales** y su **técnica de grupo**.

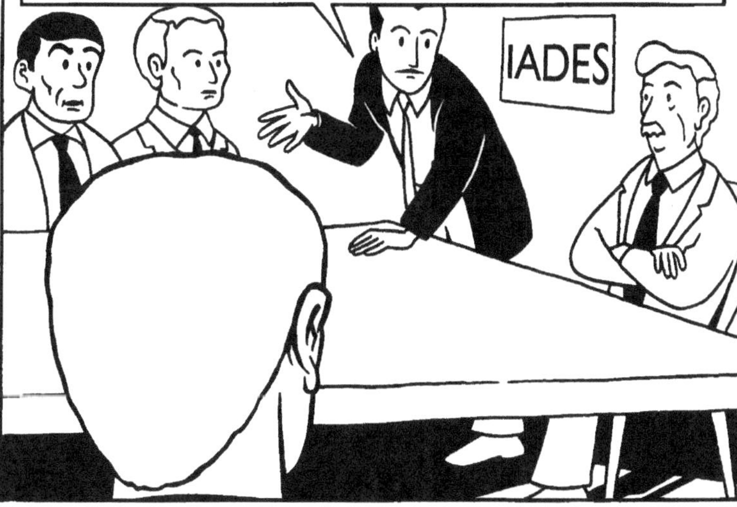

En los años sesenta, Pichon entra de lleno a la sistematización de la **Psicología Social** a través de una serie de acciones concretas:

1- Explicita y sistematiza su **ECRO**.

2- Desarrolla su **psicología como crítica de la vida cotidiana**.

3- Sistematiza su técnica de **grupo operativo**.

La primera tarea que se impone es definir lo que él mismo denomina un "aparato para pensar la realidad". Engloba toda su teoría en un solo significante: ECRO.

No debemos entender "aparato"
en el sentido de "máquina", sino más bien
de "artefacto". Es decir, "arte-facto"
(hecho con arte... artesanía)...
E ESQUEMA
C CONCEPTUAL
R REFERENCIAL
O OPERATIVO

Esquema

… porque se trata de un **conjunto organizado** de conceptos.
Este aspecto referencial delimita la pertinencia **de los conceptos instrumentales.**

Conceptual

… porque es **teórico.**

Referencial

… porque se refiere a un **recorte específico** de las prácticas sociales sobre las que se indaga y opera.
Su campo son las **tramas vinculares**, ya sean grupales, institucionales o comunitarias.

Como todas las teorías:

- implica **un recorte epistemológico** de la realidad,
- otorga **visibilidad** a determinadas problemáticas e **invisibiliza** otras.

Operativo

Este rasgo fundamental del **ECRO** indica que no se trata exclusivamente de un corpus teórico, sino que **el objetivo final** de su teoría es la **intervención** en el campo social; más precisamente, su transformación. La operatividad de los conceptos constituye el criterio de verdad.

El criterio de operación es concebido como producción planificada de cambio con relación al logro de los objetivos propuestos. Toda investigación coincide con una operación. Pichon toma el concepto de indagación-acción de Kurt Lewin:

Kurt Lewin (1890-1947), psicólogo germano-estadounidense. Uno de los creadores de la psicología de la Gestalt. Acuñó conceptos muy difundidos como, entre otros, **dinámica de grupos**.

ADAPTACIÓN ACTIVA A LA REALIDAD

Este concepto de **"adaptación activa a la realidad"** hace a la Psicología Social direccional y significativa en relación con un cambio. **Adaptación**, porque expresa un reconocimiento de la ley, y **activa**, porque reconoce un posicionamiento crítico del sujeto y su capacidad transformadora.

¿Qué es la adaptación activa?

En los años cincuenta, a partir de sus investigaciones sociales, E. Pichon Rivière constata que para abordar e intervenir en las problemáticas comunitarias no es suficiente un **diagnóstico**, sino que hacen falta **operadores sociales** para trabajar sobre esa realidad, y de los que carece. Frente a este obstáculo, crea la **Escuela de Psiquiatría Dinámica** para formar a esos operadores. Este es un ejemplo de **adaptación activa**:

Adaptación: porque acepta la lógica simbólica de la sociedad, la lógica de la Ley. Hay un reconocimiento de las reglas de juego, del modo de operar de una determinada sociedad.

Activa: porque rediseña su estrategia implementando las acciones necesarias para preservar su proyecto, modificándose y modificando la realidad.

El **Esquema Conceptual Referencial** y **Operativo** (ECRO) es, por lo tanto, un cuerpo conceptual sistematizado —un conjunto de conocimientos articulados entre sí— en referencia al campo específico vincular de la Psicología Social. En este sentido, estos conceptos son producidos para dar cuenta de la praxis concreta en el campo psicosocial.

Pichon Rivière concibe el ECRO como un **sistema abierto** que posibilita la ratificación o rectificación del esquema conceptual.

> *Lo propio del saber científico en la modernidad es la ausencia de las certezas… La praxis, en términos de crítica y autocrítica, realimenta y corrige la teoría mediante mecanismos de rectificación y ratificación, logrando una objetividad creciente.*

Toda **disciplina científica** se expresa en un **desarrollo conceptual** que tiene su núcleo en los supuestos básicos de la teoría.

Este núcleo es incuestionable en virtud de una **decisión metodológica**. Si el investigador se aparta del núcleo, se aleja de ese campo del saber. Por ejemplo, el núcleo central del materialismo histórico de Marx constituye la idea de que el cambio social debe ser explicado en términos de **lucha de clases**, siendo su determinación última de naturaleza económica.

Lenin (Vladimir Ilich Uliánov) elaboró el concepto de *El Imperialismo, fase superior del Capitalismo*. La obra supone una adaptación realizada sobre **el núcleo de la teoría económica marxista** acerca de la evolución sufrida por el capitalismo durante las dos primeras décadas del siglo XX. La expansión del modo de producción capitalista —sostiene el líder soviético— lleva inexorablemente a un estadio supremo y último (su fase superior): el imperialismo, en cuyo interior se produce la exacerbación de las contradicciones del sistema. Estas contradicciones conducen —inevitablemente, según Lenin— a la lucha de clases, que culmina con el triunfo de las clases explotadas. Es decir, sostiene y reafirma el concepto de lucha de clases (núcleo) esgrimido por la teoría marxista, e incorpora un nuevo concepto (imperialismo).

(*) ver *Marxismo para Principiantes.*

El núcleo central de la teoría de E. Pichon Rivière está asentado en su concepción de **sujeto concebido como sujeto social**. Es decir, en la presencia ineludible del otro social y del vínculo en el horizonte de toda experiencia humana.

Apela al **método dialéctico**, cuya práctica científica se define como *praxis:* "hay una configuración mutua, dialéctica, entre instrumento y objeto de conocimiento".

Esto significa que **método** y **conceptos instrumentales teóricos** –el instrumento de abordaje al conocimiento y la naturaleza del objeto científico– se corresponden.

No hay UN MÉTODO que corresponda a TODO SABER CIENTÍFICO, sino MÉTODOS que desarrollan **distintos campos disciplinares**.

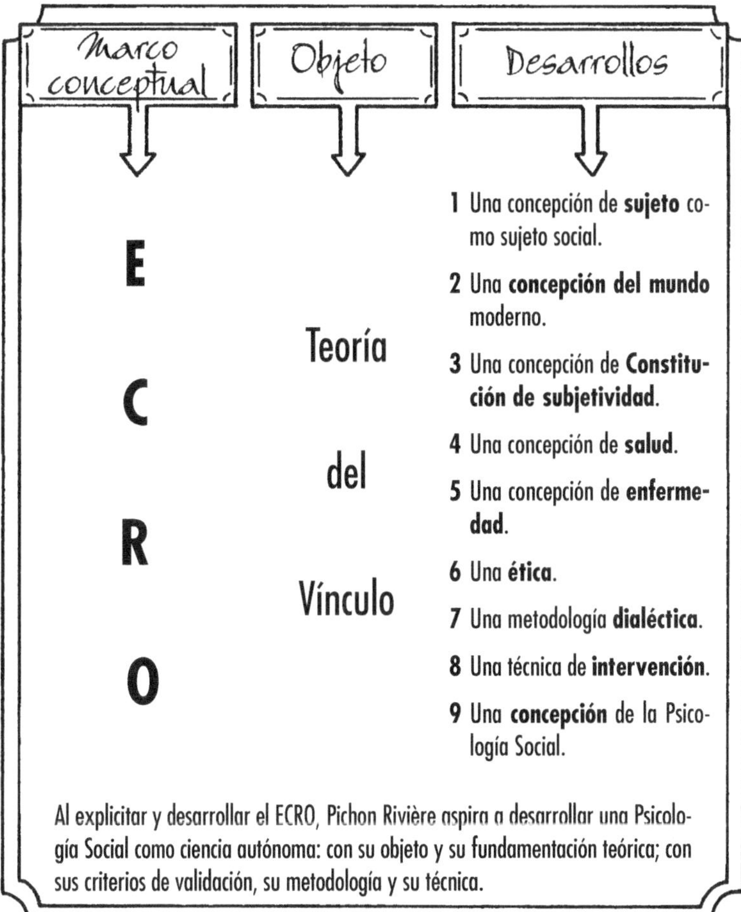

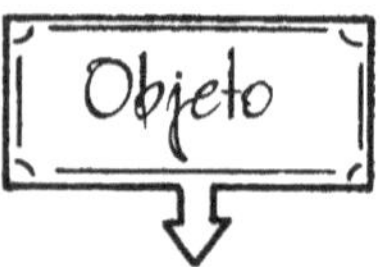

El concepto de **vínculo** define su campo de **indagación**, **conceptualización** e **intervención**. Este concepto le permite a Pichon Rivière fundamentar el pasaje del psicoanálisis a la Psicología Social.

La noción de *vínculo* es la unidad mínima de análisis de la Psicología Social. Desde esta perspectiva **no hay individuos como unos**: recortados y aislados, sino que siempre hay **estructuras vinculares, seres entramados**.

La calidad de vida de los seres humanos depende de la calidad de los vínculos que sostengan con otros seres que les sean afectivamente significativos. Se es feliz si se es reconocido como "sujeto del vínculo". Sujeto singular entramado en una estructura simbólica que sostiene procesos dialécticos de comunicación y aprendizaje direccionados.

La **sociedad** es un campo espacialmente concebido (donde se diferencian ámbitos: lo singular, lo grupal, lo institucional y lo comunitario) cuyas relaciones, juegos de poder y conflictos se comprenden desde la compleja trama vincular que conforma el tejido social. Una sociedad es un espacio interrelacionado, concebido como una red vincular cuyas lógicas contradictorias de intercambio son específicas de esa sociedad.

La **vida cotidiana**, por lo tanto, es entendida como el intercambio dialéctico-simbó-
lico que llevan a cabo los seres humanos, sostenido por una red vincular. Dichos intercambios son motivados y se hallan regulados por la Ley, por normatividades y há-
bitos sociales consensuados.

EL CONCEPTO DE VÍNCULO
ES BIFRONTE: ES DECIR, UNA
FAZ CORRESPONDE A LOS
INTERCAMBIOS INTERSUBJETIVOS
QUE SE REALIZAN ENTRE
SUJETOS SOCIALES
EN LA VIDA COTIDIANA...

... Y LA OTRA ES
ESTRICTAMENTE SUBJETIVA;
SÓLO ES OBSERVABLE A TRAVÉS
DE SUS EFECTOS: CORRESPONDE
A LOS PENSAMIENTOS Y
DIÁLOGOS LLEVADOS A CABO
EN LA INTIMIDAD DEL SUJETO.

Como producto de procesos identificatorios con estructuras vinculares se conforma una **estructura subjetiva** que Pichon Rivière denomina **grupo interno**. Constituye la base de las fantasías inconscientes y se halla en constante interrelación dialéctica con el mundo externo.

La analogía de la **estructura grupal externa** con la **estructura grupal subjetiva** explica por qué los grupos producen modificaciones subjetivas, y, en sus inicios, son tan inquietantes.

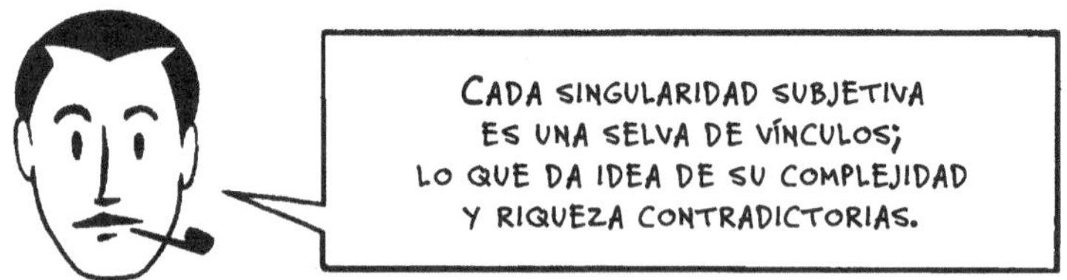

El **vínculo**, por lo tanto, se define como una **estructura compleja que incluye a un sujeto**, **un objeto** (que es otro sujeto) **y momentos de comunicación** y **aprendizaje motivados**.

EL TERCERO

El vínculo no es una estructura dual, sino que siempre hay *un tercero estructurante del vínculo*, que es un objeto de intercambio material o simbólico frente al cual los sujetos del vínculo se hallan motivados. Este *tercero* también puede ser fundamentalmente fantasmático, como sucede en el llamado "amor a primera vista": se reencuentran en el otro rasgos de seres amados en el pasado(*).

(*) Entre otros ejemplos, la novela *Lolita* (1955), de Vladimir Nabokov (1899-1977), que narra la intensa y obsesiva relación de un hombre maduro con una adolescente precoz, considerada como un estudio del amor y el deseo sexual, es paradigmática en relación con las fijaciones juveniles.

Las tramas vinculares sostienen los **actos comunicativos** entre los seres humanos. Al incluir el concepto de *aprendizaje* en su definición de *vínculo,* Pichon Rivière puntualiza el carácter de estructura-estructurando (*Gestalt-gestaltung)* de la estructura vincular. Su condición de "abierta" a un proyecto que constituye su direccionalidad.

La universalidad del vínculo, el hecho de que **nada pueda pensarse fuera de la estructura vincular**, hace que la comunicación humana sea una escena, una propuesta vincular o "una propuesta de roles".

Al comunicarnos, colocamos al otro en un lugar del vínculo y nos colocamos en una determinada posición. Lo que define esta situación no es sólo la cadena de significantes de un mensaje, sino el vínculo, la trama en que está incluido.

El vínculo permite un **circuito espiralado de comunicación** y **aprendizaje** que puede reposicionar a los sujetos en la estructura y, desde allí, afecta el *esquema referencial* (los modelos de pensar, sentir y hacer) subjetivo singular.

Pichon Rivière señala que en el vínculo hay **"momentos de comunicación** y **aprendizaje"**. Esto significa que **no toda relación humana** es un vínculo.

Hay intercambios banales que no nos afectan para nada y hay encuentros que dejan marcas para toda la vida. Los vínculos se verifican cuando la comunicación con el otro afecta el esquema referencial subjetivo.

Vínculo = *Vinculum* = Atadura

La sociedad a través del vínculo como estructura simbólica posibilita la "atadura"; es decir, la ligadura entre los impulsos inespecíficos con los que nace el ser humano y los objetos que le ofrecen esa sociedad y esa cultura.

La experiencia vincular como práctica social cotidiana permite la transmisión y la constitución de un *esquema referencial*. Sostiene la modelización de lógicas de pensamientos, afectos y acciones a partir de esos impulsos que primigeniamente carecen de forma y de cualidad específica. El **sujeto**, solitariamente, aun en condiciones extremas —náufrago en una isla, por ejemplo— es sujeto del vínculo. Su capacidad de supervivencia dependerá de la preservación de la estructura vincular subjetiva que le permita seguir pensando, imaginando, en un —aunque sea precario— intercambio simbólico con su **grupo interno**.

Del filme *Náufrago* (*Cast Away*, año 2000), dirigido por Robert Zemeckis y protagonizado por Tom Hanks.

Desde la perspectiva de la salud y la enfermedad, la estructura vincular puede tener:
Una estructura abierta que permita las contradicciones y el reposicionamiento subjetivo de los sujetos en el **vínculo** y posibilite el cambio de perspectiva de una determinada realidad afectando, así, el *esquema referencial* individual.
Rasgos de estereotipia, de rigidez, de círculo vicioso o de estructura repetitiva. El **esquema referencial** no se modifica por el vínculo con otro. Esta estructura sostiene los monólogos paralelos, los litigios, los dogmas, los fanatismos, el autoritarismo.

Las fracturas

La concepción de **salud** y **enfermedad** también es vincular y está basada en la calidad de esos vínculos. Calidad dada tanto en las estructuras vinculares concretas –donde el sujeto está inserto– como en la posibilidad de **diálogo-creatividad-apertura-cambio** que le sea posible a partir de esa estructura subjetiva que Pichon Rivière denomina **grupo interno** y que sostiene al **esquema referencial**.

Durante su práctica psiquiátrica en el Hospicio de Las Mercedes, Pichon Rivière diagnostica que los pacientes están aislados, abandonados por la familia y maltratados por los enfermeros. Cuando la familia en plena crisis llega al Hospicio a internar a un pariente, no recibe ninguna contención ni información que le permita ubicarse frente a la enfermedad. Este diagnóstico está revelando las **fracturas** en los vínculos de dicha institución.

1. UNA CONCEPCIÓN DE SUJETO COMO SUJETO SOCIAL

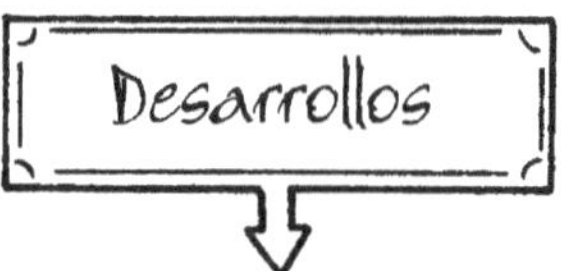

La subjetividad es al mismo tiempo **singular** y **emergente** de las tramas vinculares que la trascienden y con las que guarda una relación de **productor** y **producido**.

(*) *Psicología de las masas y análisis del yo.*

Las tramas vinculares, que trascienden al sujeto, tienen un **efecto de determinación** sobre él. Al intervenir profesionalmente en estas tramas (constituidas por los grupos y las instituciones a las que pertenece el sujeto) se actúa sobre la subjetividad singular; lo que permite, incluso, proceder preventivamente. Este tipo de intervención evita que el abordaje sobre el sujeto deba ser ineludiblemente "uno a uno", lo que comunitariamente es, de por sí, imposible. Esta concepción fundamenta la intervención microsocial a través de grupos, organizaciones y comunidades.

Para Pichon, la subjetividad se constituye en las estructuras vinculares que la trascienden. En este sentido, el sujeto es un **anudamiento singular** de complejas tramas vinculares.

Este sujeto es producto de su historia vincular: necesita permanentemente reconocerse a sí mismo a través de los otros; reconocerse en las tramas vinculares que son el sostén de sus intercambios simbólicos cotidianos.

El sujeto del vínculo "**es** donde no está". Paradójicamente, **no se reconoce** a sí mismo en su **interioridad**. Es en su **descentramiento** —en el vínculo con otros—, **donde no está**, que se encuentra a sí mismo.

Las celdas de castigo (el aislamiento absoluto del sujeto), por ejemplo, han sido pensadas para **quebrar la identidad** y el posicionamiento subjetivo de los detenidos, fundamentalmente de los presos políticos.

Pichon concibe al sujeto en una doble dialéctica: **intrasistémica** e **intersistémica**. La **subjetividad** no es mera interioridad ni exclusivamente conducta externa.

El sujeto del ECRO pichoneano es un sujeto concebido desde su verticalidad (historia singular) pero descentrado en el vínculo intersubjetivo. Es emisario de estructuras que lo trascienden (familia, escuela, trabajo, el Estado, instituciones culturales, políticas, etc.) y de las cuales es portavoz. Se halla motivado a producir objetos materiales o simbólicos, siempre en relación con un otro social que le es imprescindible.

Desde el ECRO, todo lo que pensamos, creamos y fantaseamos, lo hacemos siempre **con** otro, o **para** otro, o **contra** otro, o **como** otro, etcétera.

La subjetividad se juega en el **adentro-afuera**, en el **interior-exterior**, y ello conlleva también una concepción de **salud**. El sujeto sano es el que **sostiene** esta interrelación dialéctica **sujeto-mundo**.

La **socialización** es un largo proceso de aprendizaje social que da lugar a la conformación, en cada subjetividad, de un *esquema referencial* singular que Pichon va a definir como "aparato para pensar la realidad".

Sin embargo, el ser humano carece de un mecanismo de **repetición automática** —como son los **instintos**—; por lo cual, está **condenado** (¡felizmente!) a una repetición-transformación.

La transformación

La idea de **transformación** es un núcleo fuerte en el pensamiento pichoneano. No se trata de describir o explicar la realidad, sino de transformarla. Y transformación implica, también, transformarse.

A partir de un largo proceso de **identificaciones**, el sujeto construye —en los casos cercanos a la "normalidad"— un *esquema referencial* que lo **estabiliza** en una cierta manera de interpretar la realidad. Así, el *esquema referencial* como "aparato para pensar" le permite **percibir**, **distinguir**, **sentir**, **organizar** y **operar** en la realidad.

El sujeto, inmerso en una dialéctica intrasistémica-intersistémica con el mundo, no puede sino **transformarse-transformarlo**.

El esquema referencial es propio de cada sujeto, en una cultura y en un momento histórico-social determinado. El individuo es **emisario** y **emergente** de su cultura, por lo que todo esquema referencial es, a la vez, **reproducción social** y **producción singular**.

Si el individuo no puede conformar su *esquema referencial*, el mundo emerge con su dimensión de **desmesura**, **inabarcabilidad** y **caos.**

El **esquema referencial** le permite al sujeto reconocerse en determinadas formas de sensibilidad, en modos de pensar, sentir y hacer en el mundo, que han marcado su cuerpo de determinada manera.

Podemos decir que el sujeto no **tiene** un esquema referencial sino que **es** un esquema referencial que define su sistema de interpretación del mundo.

El *esquema referencial*, en su tendencia a la repetición, ofrece **resistencia al cambio**. Es una resistencia ante lo novedoso, ante ideas o experiencias que tiendan a desestructurarlo-estructurarlo. Estas vicisitudes subjetivas frente al cambio permiten pensar problemáticas específicas del sujeto moderno. Pero también el par opuesto y contradictorio de la resistencia al cambio, la apertura hacia proyectos innovadores, forma parte del esquema referencial de la subjetividad moderna.

Clausura

Cuando el grupo interno pierde su interrelación dialéctica con el mundo externo, comienza un proceso de **clausura** del grupo interno sobre una lógica fantasmática que distorsiona la lectura de la realidad del sujeto.

En el grupo operativo, la subjetividad se concibe como:

- **Sujeto como singularidad**: anudamiento singular de una compleja historia vincular.
- **Sujeto descentrado** en la estructura vincular múltiple del grupo, en permanente comunicación dialéctica intrasistémica-intersistémica.
- **Sujeto del inconsciente**, ya que es emisario y portavoz de estructuras vinculares y ámbitos que lo trascienden y que hablan a través de él.
- **Sujeto de la producción social** a través de una tarea (intercambio material y simbólico con otros sociales: motivado y direccionado hacia un objetivo).

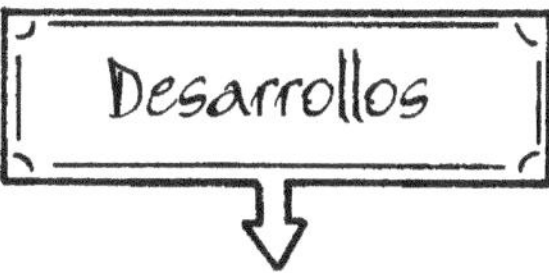

2. UNA CONCEPCIÓN DEL MUNDO
(COMO DIMENSIÓN SIMBÓLICA, PRODUCTO DE UNA CONSTRUCCIÓN SOCIAL EN PERMANENTE TRANSFORMACIÓN)

Pichon concibe la sociedad (la realidad social) como un **espacio simbólico**.

Pero este espacio no es **LA** sociedad: diferencia en ella **ámbitos** que corresponden al sujeto singular, a los grupos, las instituciones y las comunidades.

Por lo tanto, un sujeto social no se constituye ni se halla inserto en LA SOCIEDAD como espacio simbólico global, sino en grupos específicos: familiares, sociales, de trabajo, estudio, produce en ciertas instituciones y es representante y miembro de la cultura particular de una comunidad.

La sociedad expresa un conjunto de significaciones culturales articuladas en relaciones que se corresponden con estructuras que, a su vez, responden a ciertas lógicas específicas. Pichon Rivière concibe la sociedad como una red vincular, como **un entramado relacional**. Cada comunidad, con sus ámbitos, ocupa una determinada posición en ese entramado social.

Pichon Rivière distingue **cuatro ámbitos** en la sociedad.

A través de los *esquemas referenciales* de sus integrantes, la sociedad se asegura una mínima universalización de modelos de **pensar**, **sentir** y **hacer** que reconoce como propios y que se constituyen en **instituidos sociales**(*).

LA CARACTERÍSTICA DE LA MODERNIDAD ES EL CAMBIO; LO QUE CONLLEVA LA INEVITABLE MODIFICACIÓN DEL MARCO REFERENCIAL CON EL CUAL LOS SUJETOS PERCIBEN LA REALIDAD.

Pichon Rivière visualiza al sujeto en una permanente interrelación dialéctica con el mundo. Esta es la condición para que este sujeto pueda **construir una lectura operativa de su realidad**.

La pérdida de esta interrelación dialéctica vuelve anacrónico su *esquema referencial* —la manera de percibir, discriminar y operar con el mundo—, y con ello pierde la posibilidad de una interrelación mutuamente transformante con el medio.

Ante un hecho que sacude hondamente los cimientos de una estructura social, sus miembros, amparados hasta entonces por la rigidez de un encuadre institucionalizado, se sienten golpeados por la incertidumbre.

(*) **Instituidos sociales:** conjunto de valores, reglas y creencias que son tomados como referencia por los individuos en sus comportamientos sociales, por ejemplo, las ideas establecidas acerca de la propiedad, el salario, la justicia, la educación, la recreación o la defensa.

La clausura del propio esquema referencial favorece el **deslizamiento** de viejos fantasmas sobre las relaciones sociales actuales. En la modernidad, para conservar la salud, el sujeto debe sostener un marco referencial articulado de manera flexible, permeable y que sea soporte de su interrelación dialéctica hombre-mundo. Y que además le posibilite gestar operativamente la estrategia de su propio proyecto y aprender.

Los ámbitos *psicosocial*, *sociodinámico*, *institucional* y *comunitario* permiten visualizar los escenarios en los que se despliega el proceso de socialización. Son concebidos como diferentes e interdependientes, y al mismo tiempo son los grandes mediadores de la macroestructura social en la constitución de la subjetividad. Por lo tanto, el vínculo (o las tramas vinculares en las cuales el sujeto está inmerso) nunca es un elemento aislado. Siempre está concebido como articulación de esos sucesivos ámbitos grupales, institucionales y comunitarios.

El GENIO PICHONEANO

En los años sesenta, Pichon plantea la condición moderna de la **subjetividad** y desafía a pensar la sociedad como una estructura en **cambio permanente** y que tiende a la **fragmentación** de las significaciones sociales y, por ende, a la fragmentación del **esquema referencial** singular.

Esta diversidad de ofertas de **identificación vincular**, propias de un capitalismo de consumo, produce una fractura en el esquema referencial individual (conviven en el mundo interno diversos modos de pensar, sentir y hacer en el mundo). Esta es la condición de alienación. La propuesta de grupo operativo acciona como un dispositivo capaz de desalienar, de volver a articular estos referentes contradictorios y hacer que cada integrante del grupo, en la confrontación de los marcos referenciales de los otros integrantes del grupo, sea consciente desde dónde está pensando, sintiendo y haciendo frente a una determinada problemática.

Los roles sociales implican lograr un lugar en la sociedad. Son ropajes que dan una identidad, una posición y un *status*.

Así como se necesita un *esquema referencial* (un sistema de ideas que guíe la acción en el mundo), es imprescindible que este esquema (este aparato para pensar, sentir y hacer) opere también como un sistema abierto, **permeable al cambio**.

EN REALIDAD, QUIERE DECIR "NO SÉ CÓMO VESTIRME PORQUE NO SÉ QUIÉN SOY NI DÓNDE ESTOY".

La modificación del esquema referencial **no es una renuncia**, sino un ajuste de la estrategia como transformación necesaria para una **adaptación activa a la realidad**, y para que, ante los cambios, los deseos y proyectos sigan siendo posibles.

Así, la estrategia subjetiva aun inconscientemente tendría **la direccionalidad del proyecto** y **la autonomía**.

Pichon Rivière nos sitúa frente al desafío de pensarnos como sujetos signados por el cambio, insertos en una sociedad que también se modifica permanentemente y de manera turbulenta. Este planteo obliga a pensar al sujeto y a la sociedad en **condiciones de creación** y **mutabilidad**. Ningún sistema, según Pichon, es cerrado y producido para siempre. Todos los sistemas —el sujeto, los grupos, las instituciones, los marcos teóricos, su ECRO, la sociedad— están abiertos a las innovaciones que, inexorablemente, plantea la historia.

Los miedos

(*) *El grito* (1893) obra del pintor noruego **Edvard Munch** (1863-1944), cuyos cuadros y obra gráfica, tristes y angustiosas representaciones basadas en sus obsesiones y frustraciones personales, abrieron el camino al desarrollo del expresionismo.

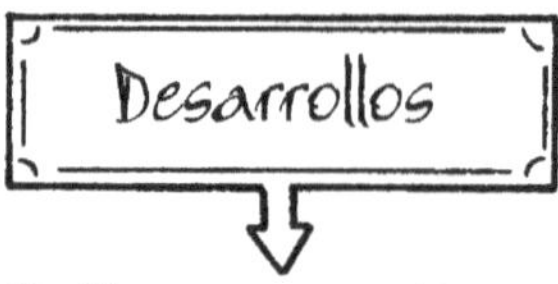

3. UNA CONCEPCIÓN DE DESARROLLO DEL SUJETO
(O CÓMO SE CONSTITUYE LA SUBJETIVIDAD MODERNA)

El objetivo de la Psicología Social es dar cuenta de cómo la sociedad deviene **fantasía inconsciente**. Cómo, desde un **contexto** macro, se desarrolla lo más íntimo del ser humano: el material simbólico de sus ilusiones, sus pensamientos y sus pesadillas.

Los sueños, como todo lo subjetivo, son una producción social. Se sueña con personajes de nuestra historia (a veces entremezclados entre sí), con paisajes, con ecologías, con hábitats. Los sueños permiten visualizar cuánta carga social y cultural hay en esa producción tan íntima.

EL SUJETO ES NADA

El ser humano nace con una carencia radical: **no posee instintos**. No hay nada en él que se asemeje a un "paquete" instintivo que le dé respuestas fijas y automáticas a los estímulos de su hábitat. Esto constituye una diferencia radical con otros mamíferos superiores. Por ello, el ser humano no puede constituirse sino en un campo de interacción social a partir de otros sociales. Por lo tanto, no hay nada en el sujeto que no sea social. El ser humano se constituye en una cultura que preexiste a su nacimiento. Se funda en una dimensión simbólica que es **construcción humana**, que es producida por seres humanos, por otros sociales.

El infante humano nace prematuro, sin ninguna posibilidad de valerse por sí mismo, lo que lo vuelve sumamente plástico a las influencias del medio social. Posee impulsos pero son inespecíficos: no poseen forma, ni objeto, ni direccionalidad. Dispone de algunos pocos reflejos automáticos que desaparecen al poco tiempo de nacer.

Los dos rasgos propiamente humanos en el momento del nacimiento son

- La apertura al mundo y la plasticidad frente a la cultura.
- La existencia de impulsos inespecíficos.

La sociedad da forma a estos impulsos: los provee de determinados objetos, les da una cualidad y una direccionalidad. La estructura mediadora entre estos impulsos y su destino social es el **vínculo** ("atadura").

La carencia fundamental al nacer, la incompletud, **impide** al ser humano encontrar un equilibrio en su subjetividad. En virtud de esta carencia, el ser humano se lanza al mundo externo en una necesidad de externalización que culmina en objetivaciones sociales materiales y simbólicas. Simultáneamente debe constituirse como subjetividad.

PROTOVÍNCULO

Lo que caracteriza al protovínculo(*) es la no total discriminación entre la madre y el bebé. A esa madre primigenia, Arminda Aberastury la denomina "madre envoltura" y constituye un "útero social" donde el recién nacido completa su maduración biológica.

La madre (o quien cumpla esta función) es la gran intermediaria de todo lo que el bebé necesita del mundo y de todos los estímulos que llegan al bebé. Es todo el **universo social** para el bebé.

(*) Desarrollado por Ana P. de Quiroga.

La experiencia del "protovínculo" es fundamental en los primeros meses de vida. Quien ejerza la función de madre constituye el primer universo de experiencias del sujeto: todo lo social le llega a través de ella o él. Si en este primer momento no existe un protovínculo (si se carece de una "madre envolvente"), puede haber riesgo de muerte para el bebé.

En el protovínculo, el bebé es único, especial, insustituible para quien cumple la función materna. Es ése y ningún otro bebé. Es ese bebé singular. Esto no lo puede brindar ninguna institución.

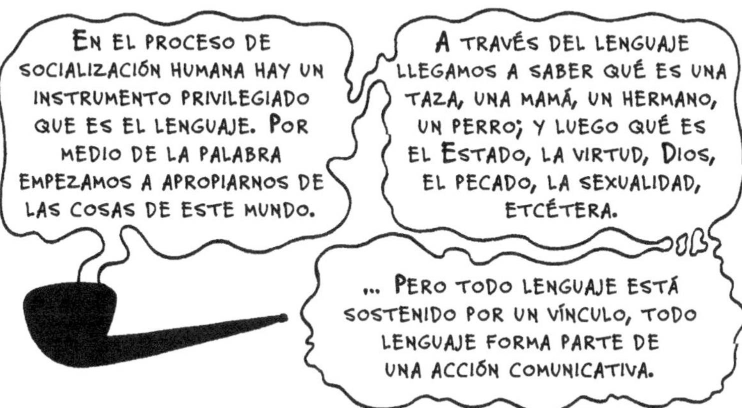

A través del protovínculo se codifican todos los impulsos inespecíficos del bebé en mensajes humanos. Cuando el bebé llora, la madre dirá: "Es hambre" o "Quiere que lo mime". El niño entra así en una dimensión humana: el lenguaje.

Para Pichon Rivière, las tramas vinculares, además del lenguaje, incluyen lógicas y modelos de pensar, de sentir y de hacer en el mundo. El ser humano es productor y reproductor de ellos.

Este ser prematuro nace en una trama vincular familiar que, en el mejor de los casos, se halla aguardando su llegada. Lo esperan un nombre y un cúmulo de expectativas y deseos.

SEGUNDO NACIMIENTO

Siguiendo a Arminda Aberastury, el ser humano sufre dos nacimientos:

Primer nacimiento (biológico) cuando se nace del cuerpo de la madre, y el **segundo nacimiento**, cuando se nace de la madre envoltura. Este último ocurre alrededor de los seis meses de vida. Edad que muchísimos autores señalan como fundamental.

En el "segundo nacimiento" el bebé pasa de una estructura de protovínculo a una estructura vincular: comienza la **diferenciación** del otro social. Este bebé descubre que más allá de la madre hay otro universo habitado por personas, por objetos, por espacios a recorrer. El bebé arriba al grupo familiar.

El niño empieza a balbucear el lenguaje (las primeras palabras, los gorjeos, los "*ajós*") y surgen los primeros juegos (se tapa y se destapa con la sabanita: los juegos de aparición y desaparición). El ámbito de lo doméstico se constituye en su nuevo universo de experiencias y aprendizaje.

Este segundo nacimiento, llamado por el psicoanálisis el **Segundo tiempo del Edipo**, expresa la castración ejercida por la función paterna, que le permite tanto al niño como a la niña el pasaje de una relación especular e imaginaria con la madre al mundo simbólico(*). La madre, por su parte, como sujeto deseante, también quiere recuperar su vida social, familiar o vocacional luego de los primeros meses en que estuvo absorbida por el bebé.

Así como en el estadio del protovínculo le bastaba llorar para que su madre respondiera, ahora todo le demanda más esfuerzo: debe competir, insistir o reclamar por lo que desea, experimenta celos. Las respuestas no llegarán inmediatamente y muchas veces, simplemente, no llegan. Se adentra, así, en la lógica de la cultura que se trate.

El ámbito institucional:

(*) ver *Lacan para Principiantes.*

El sujeto nace, vive y muere en una institución. Primero, la familia. Después va a la escuela. Luego, a trabajar. Si se enferma, concurre a un hospital. Si trasgrede la ley, lo controla la policía. Si se accidenta, lo cubre un seguro… Es decir, hay una trama cerrada: aun hasta la muerte, pues cuando ésta acaece también una institución se hace cargo.

Aún no se sabe qué efecto socializante tiene el televisor encendido desde que el ser humano está en el "moisés"; pero sí se sabe que la influencia ya no pasa hegemónicamente por la familia. Los medios masivos de comunicación son aparatos de **producción simbólica** de fuertes efectos, pero por cierto **no** son una institución a la manera de la sociedad disciplinaria.

ÁMBITO COMUNITARIO

El mundo globalizado se caracteriza por la **interculturalidad**. Más que nunca son evidentes las diferencias entre familias latinas, orientales o nórdicas. Esto es muy tangible en Argentina y en Latinoamérica, donde sus poblaciones son de origen inmigratorio. Pero, en los últimos años, este fenómeno se ha hecho extensivo a casi todas las grandes ciudades occidentales. Precisamente, el **ámbito comunitario** corresponde a la cultura particular a la que pertenece la familia del niño/a.

Los diferentes ámbitos son claramente distinguibles, pero al mismo tiempo están contradictoria e íntimamente imbricados. Por lo cual el sujeto que emerge como singularidad (ámbito psicosocial) es **emisario** y **portavoz** de todos estos ámbitos que lo han constituido. Estos ámbitos, y las **redes vinculares** que los constituyen, son los intermediarios de la "macroestructura social que deviene fantasía inconsciente".

El sujeto hace una articulación personal de estas estructuras mediadoras (que constituyen, a su vez, tramas vinculares) y luego se convierte en portavoz, habla por ellas.

> **Estructura mediadora = Vínculo**

En todo vínculo se intercambia información y en la interacción se juegan los modelos de pensar, sentir y hacer de cada uno de los componentes del vínculo. Estos modelos "hablan" y operan a través de cada sujeto.

En toda comunicación humana siempre se dice más de lo que se quiere decir. Esto "más" que se dice y se escenifica en el vínculo es la **transmisión inconsciente de los modelos** de cómo piensa cada uno el mundo, cómo lo siente y qué modelos de acción posee.

IDENTIFICACIONES VINCULARES

Durante el proceso de socialización, de aprendizaje social del niño/a, se va conformando el esquema referencial. Esta estructura subjetiva responde a determinados modelos (de sentir, pensar y hacer) y surge como producto de las identificaciones con las personas significativas a lo largo de la experiencia social. Cada sujeto hará una síntesis singular de su historia de **identificaciones vinculares**. Todo esquema referencial —**este aparato para pensar la realidad** como estructura subjetiva— es propio de una cultura particular en un momento histórico-social determinado y es, a la vez, producción individual.

En este sentido, el "aparato para pensar la realidad" es un artefacto, hecho artesanalmente, por lo que, como sistema, **no se caracteriza por su precisión**.

Así como en un extremo se toma al ser individualmente (*micro*) y se lo considera como sistema abierto al mundo, en el otro extremo, el de la sociedad (*macro*), también hay un sistema abierto. Esto es característico de las sociedades democráticas.

En las sociedades modernas, cualquier ciudadano o grupo social puede posicionarse críticamente frente a una significación social determinada y proponer su modificación. Estas proposiciones, si bien arduas, pueden modificar significaciones sociales en temas como el poder, el género, la elección sexual, la impunidad, la justicia, el rol de las instituciones del Estado, etcétera.

La sociedad como ámbito *macro* es un espacio social interrelacionado que comparte significaciones instituidas como propias por el grupo social.

Cada sociedad, cada cultura establece **qué es lo percibible**, **lo pensable** y **lo significable** en ella; y esto manifiesta cierto grado de **clausura**, pues permite percibir, valorar, distinguir y jerarquizar **determinados** recortes de lo real y **no otros**.

Sin embargo, las sociedades democráticas permiten plantarse críticamente frente a determinadas significaciones y proponer un **cambio**. Por ejemplo, desde fines del siglo XIX las mujeres se han erigido como cuestionadoras de una significación específica respecto del género mujer. La innovación en la significación "mujer" permite visualizar la capacidad de creación y cambio de toda sociedad.

> *El esquema referencial implica un cierto posicionamiento subjetivo respecto de los otros y de nosotros mismos; por ello un cambio en el esquema referencial conlleva una* crisis *subjetiva* que va más allá del cambio de un simple modo de pensar.

Un **nuevo conocimiento** o una nueva realidad impacta en el esquema conceptual y referencial previamente constituido. Si el *esquema referencial* individual se ha conformado en condiciones de **rigidez** y **estereotipia**, el nuevo conocimiento desencadena actitudes de **rechazo** que Pichon entiende como…

Todo nuevo objeto de conocimiento o toda nueva realidad tiende a quedar posicionada, en primera instancia, como peligrosa, o como "enemiga del sujeto". Ello desencadena situaciones de ansiedad cuya intensidad depende de la rigidez o flexibilidad del esquema referencial y establece la diferencia entre una actitud de curiosidad excitante o el rechazo de lo nuevo.

Estas actitudes rígidas, mantenidas por el esquema conceptual y que funcionan de una manera más o menos inconsciente, constituyen barreras que impiden la irrupción de objetos (…) nuevos y originales que emergen en la mente del sujeto renovador, como un verdadero descubrimiento en un contexto particular.

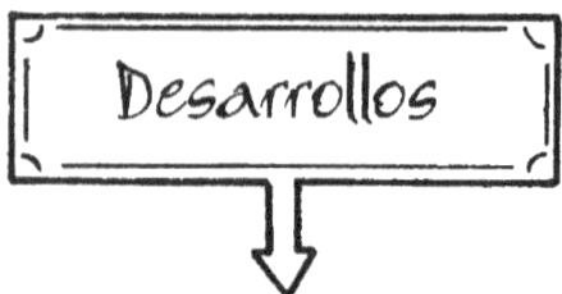

4. Una concepción de salud
(Como **PRAXIS** mutuamente transformante con el medio)

Cuando se produce una situación de cambio, el sujeto se enfrenta a una **crisis**. El cambio tienen un efecto de desestructuración del marco referencial.

Enfrentado al cambio, el sujeto reconoce o intuye que sus marcos referenciales ya no dan cuenta de lo nuevo; es decir, no le permiten **operar en la nueva situación**. Necesita de nuevos referentes que le posibiliten articular **otra forma** de pensar, sentir y operar sobre la **nueva realidad**.

116

Las reacciones emocionales de angustia, confusión, percepción de desinstrumentación, inermidad, culpa, etc., frente a la nueva realidad son la contracara de todo desafío de un cambio estructural.

Los **mecanismos defensivos** ubican lo peligroso y lo idealizado en sectores opuestos de la realidad. Una actitud defensiva **impide**, aunque sea momentáneamente, un **posicionamiento transformador**. Frente a los cambios y las crisis hay una tendencia a las disociaciones polares y a las contradicciones dilemáticas.

El sostén vincular aparece, por lo tanto, como la apoyatura necesaria para superar ese momento de desestructuración del esquema referencial personal, y superar la **tendencia a la clausura** desencadenada por el cambio.

El operador psicosocial debe percibir la crisis y brindar una apoyatura vincular al sujeto. De esta manera, sostiene el proceso de **desestructuración-reestructuración** del esquema referencial del sujeto en crisis y le permite superar su reacción inicial de clausura frente a la nueva situación.

En estos casos, se vuelve fundamental el **sostén vincular**, **grupal** del sujeto en crisis y la legitimación por parte de otros sociales de las vicisitudes que implica el desafío del cambio.

En este sentido, el **ámbito grupal** es invalorable: la circulación de la comunicación grupal y la heterogeneidad de los diferentes esquemas referenciales emergentes en el grupo le dan diferentes significaciones a lo nuevo, y facilitan su procesamiento y elaboración.

Si el cambio aparece como abordable, el sujeto puede contener y tolerar la ansiedad y, progresivamente, lograr una visión integrada de la situación. Al percibir que recupera una cierta capacidad de instrumentación, su ansiedad disminuye y puede retomar una relación dialéctica, mutuamente transformante, con sus vínculos y, por lo tanto, preservar así su proyecto.

La **comprensión de las vicisitudes subjetivas** frente al cambio son fundamentales, ya que vivimos en tiempos turbulentos.
Esto compromete a los sujetos a realizar una fuerte apuesta a la **creatividad:** desarrollar su capacidad de riesgo e innovación y una tolerancia a las desestructuraciones y estructuraciones del esquema conceptual.

Pichon Rivière reflexiona acerca de la subjetividad en el **medio** social y cultural actual, cuya característica es el **cambio**. Por lo tanto, se centra en la percepción de ese cambio social, las vicisitudes subjetivas que impone esa situación, y el rol que cumple el psicólogo social frente a los miedos.

La crisis, según Pichon, **es la antesala del cambio**; ahora bien, a partir de esta crisis, el sujeto puede:

avanzar hacia el cambio, o

retroceder, rigidizando las pautas conocidas y repitiendo los modelos del esquema referencial subjetivo.

Un psicólogo social generalmente interviene en momentos de crisis. Las crisis grupales, de equipos u organizacionales tienen que ver con el interjuego **instituyente-instituido** de los vínculos humanos.

El concepto de "**salud**" tiene que ver con una **doble dialéctica:**

Intrasistémica: el sujeto en diálogo consigo mismo.

Intersistémica: el sujeto abierto a una interrelación dialéctica con los otros y con el mundo.

Si este ser humano pierde la posibilidad de **recrear** lo que le acontece en una lógica inter-sistémica (con otros), puede reforzar lo intrasistémico y, por lo tanto, reforzar lo fantasmá-tico. Es decir, entra en una **lógica de repetición** en su mundo interno que lo puede alejar progresivamente de una *praxis* con el mundo externo.

En el mundo moderno, el esquema referencial subjetivo debe albergar lo nuevo —ser permea-ble, plástico— para soportar las vicisitudes de desestructuración y reestructuración que impo-nen los cambios. Sin estas condiciones, es imposible lograr una adaptación activa al mundo.

Si se pierde la posibilidad de la interrelación dialéctica, la lógica interna se clausura con rela-cion al pasado. Este círculo vicioso y estereotipado tiende a repetir modelos adquiridos; por lo tanto, se transforma en una lógica anacrónica en relación con el mundo presente.

CONCLUSIÓN

Salud ⟶ Sistemas abiertos

Enfermedad ⟶ Repetición, estereotipia, encierro, clausura

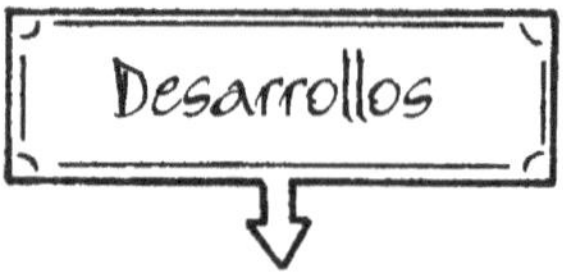

5. UNA CONCEPCIÓN DE ENFERMEDAD
(COMO CLAUSURA Y ESTEREOTIPIA)

¿Cuáles son los factores que deterioran la salud de los sujetos, los grupos, las organizaciones y las sociedades?: la estereotipia (repetición) y la clausura.

La estereotipia del sujeto: La pérdida de su interrelación dialéctica con el medio lo conduce a un centramiento en la lógica de su grupo interno; por lo tanto, queda a merced de la repetición de una lógica fantasmática.

La estereotipia de los grupos: El grupo operativo es un sistema abierto; los grupos que se **clausuran** caen, frecuentemente, en una **lógica delirante**. Por ejemplo, los grupos sectarios, los fanáticos, los extremistas. El encierro exacerba progresivamente sus posicionamientos dilemáticos. Pierden como referente las problemáticas de su medio y quedan a merced de una lógica de repetición anacrónica.

Cada tanto aparecen noticias de grupos de fanáticos que producen ataques inexplicables o cometen suicidios colectivos. En 1978, la secta religiosa *People's Temple* (Templo del Pueblo) protagonizó un suicidio colectivo en Jonestown, Guyana.

Otro ejemplo de este sectarismo se produjo en Waco (Texas), en 1993, cuando se enfrentaron agentes federales estadounidenses con miembros de un grupo religioso que se denominaban los *Branch Davidians* (o davidianos). Finalizó con la muerte de 87 miembros de la comuna y 4 agentes federales.

La estereotipia de las organizaciones: Fenómenos similares se registran en las organizaciones llamadas totales, como las cárceles, los conventos de clausura, los cuarteles y los internados en general.

Las lógicas de clausura llevan a un despliegue de intrigas, rivalidades y mezquindades. Es decir, un sobredimensionamiento fantasmático donde un pequeño desliz puede aparecer como un pecado capital. Estos climas opresivos de secretos, persecuciones, perversiones y crímenes aparecen reflejados magníficamente en la novela (y el filme homónimo) *El nombre de la rosa*, de Umberto Eco.

La clausura de las comunidades: Un dicho de la sabiduría popular reza "pueblo chico, infierno grande". En efecto, en una pequeña comunidad puede darse un control minucioso que conduce a la clausura. Todo se sabe, todo se ve, todo se comenta, todo cae bajo la valoración maledicente. Esta lógica de repetición y clausura lleva a la parálisis, la inhibición, la apatía y posiblemente a la depresión, cuando no a la violencia soterrada o manifiesta.
(La película *Dogville* [2003], del director Lars Von Trier, es, en este sentido, paradigmática).

La clausura de las sociedades: Los fundamentalismos religiosos o las dictaduras fanáticas también desarrollan lógicas de clausura y dan lugar a atrocidades. La característica de estos sistemas es que operan con lógicas dilemáticas y dilematizadoras que sostienen como **certezas**.
Decretan el lugar del bien y el del mal, y atacan a los que consideran enemigo con toda la fuerza y crueldad disponible. En los sistemas democráticos, el imperio de la ley es una protección frente a este tipo de problemáticas. La democracia vuelve legal la posibilidad de autocrítica y cambio. Logra una **autonomía por apertura**.

6. Una Ética

La Ética está ligada a la voluntad y la libertad de elegir. Es una reflexión acerca de los actos; el carácter de virtud o malicia en relación con las acciones humanas. En su sentido aristotélico, la virtud ética se desenvuelve en la práctica y está encaminada a la consecución de un fin. En su evolución posterior, la noción de ética se identificó con la moral.

Pichon Rivière nunca conceptualizó o escribió acerca de su ética. Sin embargo, como profesional tiene una clara posición ética. Esta ética no fue explicitada, sino que es una concepción ética que surge de su "acción", una ética "en acto".

Enrique Pichon Rivière elige reflexionar acerca de los determinantes sociales y vinculares en la constitución de la subjetividad. Opta por un campo de indagación novedoso: postula a la Psicología Social como una disciplina autónoma, con todo lo que ella implica de transformación de paradigmas. Esta es una elección ética.

Ética de la tarea

Pichon Rivière no habla de trabajo, término que alude etimológicamente a "yugo"(*), sino de **tarea**, que es trabajo direccionado, motivado: una praxis que produce un objeto y un sujeto.

La tarea define el **objetivo** que se ha planteado el grupo. Desde el punto de vista ético, **no hay posición neutral.**

La tarea comprende tanto **el trabajo productivo** en función del proyecto grupal como **el trabajo para resolver los obstáculos y los conflictos** en los vínculos que entorpecen el desarrollo de la tarea.

No importa si los integrantes del grupo se quieren o no, si simpatizan o no. Lo importante es el objetivo: el proyecto es la razón de ser del grupo.

(*) **Yugo**, instrumento de madera para uncir los animales de tiro a las varas de los carros o al arado. En la Argentina se usa como sinónimo de "trabajo sacrificado".

ÉTICA ERÓTICA

Eros, la pulsión de vida —como la definió Freud—, conlleva todo lo que une, lo que organiza, lo que expande, lo que abre y lo que crea; *Tánatos*, su par opuesto —la pulsión de muerte—, define aquello que fragmenta, aísla, encierra y disgrega.

El término **ética erótica** que planteamos para definir la ética pichoniana (y que, por cierto, no fue explicitada por el propio Pichon) busca identificar su posición con relación al Eros freudiano. Esa ética erótica implica una **ética de los vínculos**, ya que el efecto de la intervención es garantizar el sostén vincular que albergue la **comunicación**, el **aprendizaje**, la creatividad, la posibilidad de **cambios** y el respeto inalienable de la **singularidad** de todos los que pertenezcan a esa estructura vincular y la **direccionalidad** de sus respectivos proyectos de vida.

Por lo tanto, una ética erótica expresa una **ética de los cambios**. El psicólogo social, a través de sus intervenciones, busca abrir a nivel singular las estructuraciones rígidas, repetitivas y circulares, ya sea a nivel cognitivo, afectivo o de acción. En otros términos, se orienta a la apertura y resignificación del esquema referencial.

La ética erótica significa, en última instancia, una intervención en relación con la estructuración de vínculos abiertos, fluidos y tolerantes frente a lo heterogéneo. Vínculos proclives a los cambios, que tiendan a la multiplicación. La ética erótica busca la **articulación**, la **ligazón** y la **expansión**. Supone una elección por lo que une, lo que organiza, lo que arma redes. Siempre hay que entenderla como una dialéctica **direccionada** hacia el objetivo.

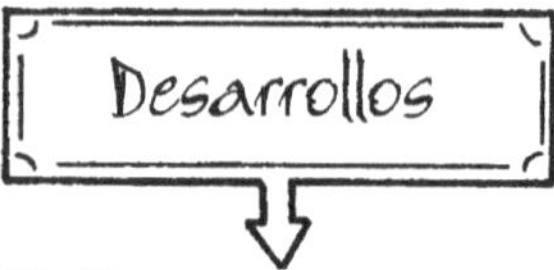

7. Una metodología dialéctica
(Que dé cuenta de los procesos de transformación)

La lógica inherente a la naturaleza, la sociedad y el conocimiento se caracteriza por un devenir de procesos contradictorios y cambios múltiples, que entrañan irreversibilidad, saltos cualitativos o rupturas en su continuidad histórica. Esta concepción pichoneana tiene su raíz en el método dialéctico.

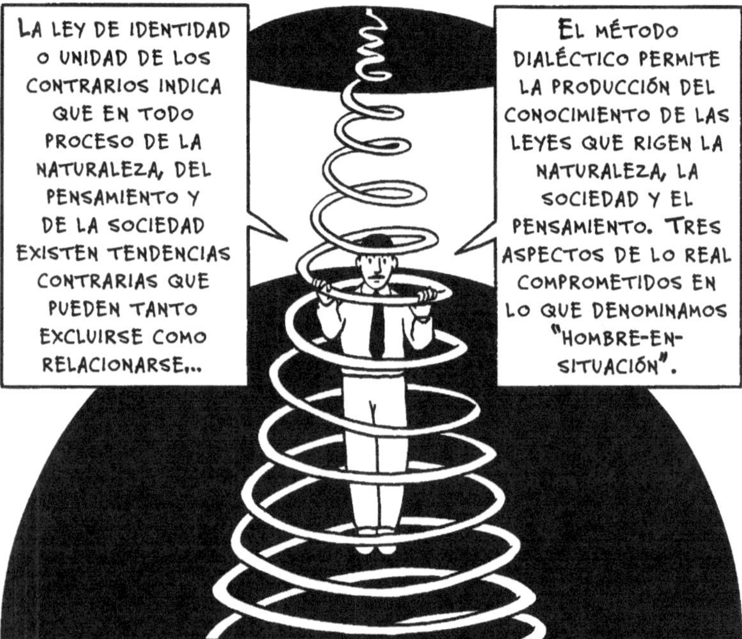

La sociedad occidental, sostiene Pichon, piensa en términos de **lógica formal**(*), siendo que la lógica de los vínculos humanos es de naturaleza **dialéctica**. La lógica dialéctica permite pensar al sujeto no en una relación armónica con su realidad social, sino en una relación **contradictoria: dinámica y** mutuamente **transformante** con el mundo.

(*) **Lógica formal**: La lógica formal analiza la validez de los juicios y proposiciones con independencia de su contenido material. Los principios básicos de la lógica formal excluyen la contradicción y sostienen:
El principio de identidad (A es A), el principio de no contradicción (A no es B) y el principio del tercero excluido.

Pichon Rivière plantea que existe un **implacable interjuego entre el hombre y el mundo**. Este "implacable interjuego" implica una inevitable transformación del mundo —fundamentalmente vincular y social— para el logro de sus deseos y propósitos; logros que, a su vez, tendrán efectos de transformación del sujeto. Esto conlleva pensar la relación sujeto-mundo como permanente, conflictiva y de potencialidad y complejidad crecientes.

La praxis es inevitable en la producción del conocimiento. Gracias a esta praxis, el ECRO permanece como sistema abierto a progresivas ratificaciones y rectificaciones. La praxis es, en última instancia, la que valida el modelo teórico, la que permite el **ajuste del esquema referencial a la realidad social**.

El método dialéctico da cuenta de la lógica de las tramas vinculares. Estas son concebidas como **campos de contradicciones fructíferas**, que motorizan procesos ligados a la conformación de grupos, organizaciones y comunidades. A su vez, conllevan la producción colectiva de un **saber** y un **saber hacer**, favoreciendo la toma de decisiones en los procesos instituyentes.

Dialéctica de los grupos operativos

La técnica de grupo operativo se caracteriza por estar centrada en forma explícita en una tarea que puede ser el aprendizaje, la curación, el diagnóstico de las dificultades de una organización laboral, la creación publicitaria, etcétera.

Todo grupo se organiza en función de una tarea común y los integrantes asumen diferentes roles para llevarla a cabo.

La tarea en el grupo se desenvuelve al modo de la mayéutica socrática. Es un proceso **contradictorio** sostenido por un diálogo crítico donde se alternan interrogantes e ideas múltiples en el desarrollo de un saber.

Las contradicciones grupales **no se resuelven ni se sintetizan**, y eso es, justamente, lo que caracteriza a las tramas vinculares como un campo vital.

En el **grupo operativo** se valida aquello que está direccionado hacia el **Proyecto Grupal**. Por lo tanto, los enunciados o saberes **verdaderos** son aquellos **coherentes** con la lógica del Objetivo del Grupo.

LAS CONTRADICCIONES DEL GRUPO OPERATIVO

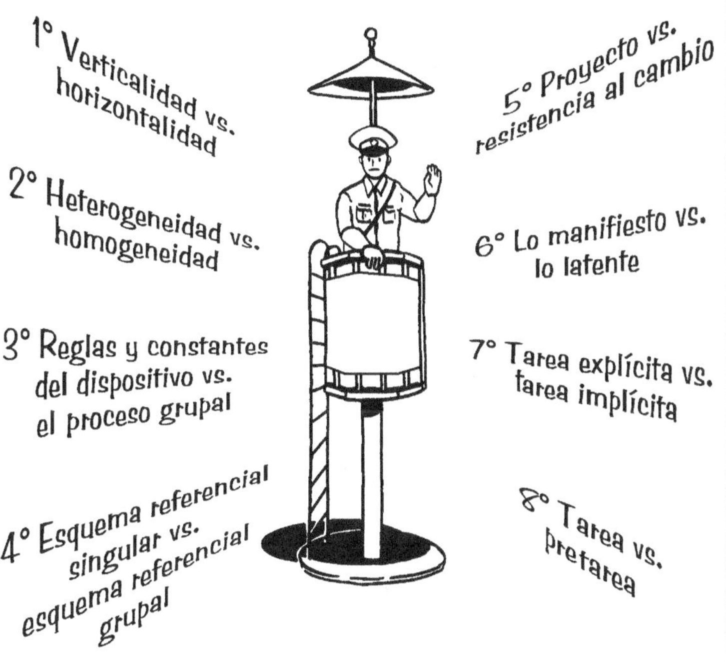

1° Contradicción: verticalidad vs. horizontalidad
(o sujeto-grupo)

La **concepción** de grupo de Pichon Rivière **no es** la de un grupo centrado en el grupo o el grupo centrado en el individuo, **sino** que está basada en la **articulación entre verticalidad y horizontalidad** grupal en función de una tarea.

Al considerar la **verticalidad** (los rasgos singulares de cada integrante) como variable inalienable del grupo, se impide el **efecto-masa** (que todos los integrantes se identifiquen homogénea y mortíferamente entre sí).

La articulación entre **lo vertical y lo horizontal** da lugar al **portavoz**: el integrante que habla por él y por todo el grupo.

2° Contradicción: heterogeneidad vs. homogeneidad

Los procesos vinculares grupales oscilan del polo de la identificación al polo de la diferenciación (con riesgo de la disolución grupal).

Esta contradicción se acentúa por las características analógicas del **grupo interno** y el **grupo externo**; situación que favorece los fenómenos transferenciales en el grupo.

Al formar parte de una estructura grupal, cada sujeto está expuesto a los significantes que desplazan sobre él los demás integrantes.

En la teoría de Pichon Rivière **no hay homogeneidad** entre los miembros de un grupo, siempre son **heterogéneos.** Sólo hay homogeneidad en la tarea. La diferencia y la singularidad subjetiva son inalienables. Sólo se anudan en un punto: la tarea (el proyecto grupal).

3° Contradicción: constantes y reglas del dispositivo vs. proceso grupal

El grupo operativo es un **grupo artificial**. Se constituye según ciertas reglas que fijan constantes de tiempo, espacio, roles y tarea. Estas constantes del dispositivo permiten que se encauce y direccione la dialéctica grupal hacia su objetivo: la **tarea**. Si no hubiera ciertas **constantes regulares**, el encuentro en el grupo sería azaroso y la interacción anárquica.

Uno de los objetivos del **coordinador** es que los integrantes **incorporen** estas constantes como facilitadores de la tarea. Debe mantener viva esta **contradicción** para evitar tanto la burocracia del "encuadre" como el *laissez-faire* perezoso en el que puede caer el grupo.

4° CONTRADICCIÓN: ESQUEMA REFERENCIAL SINGULAR VS. MARCO REFERENCIAL DEL GRUPO

Esta contradicción se juega tanto en lo **vincular** como en un **escenario subjetivo**. Cada integrante vive la experiencia grupal desde su esquema referencial singular. Sobre la base de estos múltiples esquemas referenciales, y en función de la tarea, el grupo construye un marco referencial que es propio de ese grupo.

Para aceptar un **esquema referencial grupal**, cada integrante debe desestructurar su esquema referencial previo para luego reestructurarlo. Este proceso desencadena ansiedad.

5° CONTRADICCIÓN: PROYECTO VS. RESISTENCIA AL CAMBIO

Por apasionante que pueda ser una tarea grupal, siempre está presente su par opuesto contradictorio: la **resistencia**.

Lo **nuevo** tiene la tendencia a colocarse "como enemigo del sujeto". Un universal de todo grupo es el hecho de tener tanto **líderes** del *proyecto* grupal como de la *resistencia al cambio*. Pero esta contradicción puede fortalecer el Proyecto.

6° Contradicción: lo manifiesto vs. lo latente

Pichon Rivière, como psicólogo social, incluye la **dimensión de lo inconsciente** en la comprensión de los fenómenos grupales. Así, reconoce en los grupos una dimensión de lo **manifiesto** y una dimensión de lo **latente**.

a) Cada integrante del grupo al hablar **dice más** de lo que voluntariamente quiere decir. Esto hace a su condición de emisario o portavoz de ámbitos grupales, institucionales o comunitarios en los que se halla inserto y que hablan a través de él.

b) El esquema referencial de cada uno ha sido conformado en redes vinculares familiares, institucionales, comunitarias. El individuo, al hablar, se hace **portavoz** —inconscientemente— de sus modelos de pensar, sentir y hacer con los otros y el mundo que se actualizan vincularmente.

Los acuerdos y desacuerdos de los distintos esquemas referenciales inconscientes de los integrantes dan lugar a los múltiples entendimientos y malentendidos en el grupo.

Lo **manifiesto** es el mensaje explícito o los aspectos fenoménicos de los vínculos en el grupo. Lo **latente** alude al inconsciente freudiano, pero como escena vincular. Por eso, es conveniente tomar el concepto de "latente" literalmente como "lo que late", lo que palpita en la estructura grupal y cuyo contenido **no pertenece** a la conciencia.

> *Toda la vida mental inconsciente debe ser considerada como la interacción entre objetos internos (grupo interno) en permanente interrelación dialéctica con los objetos del mundo exterior.*

Lo latente en el grupo se enuncia a través de uno o varios portavoces. Quien enuncia un acontecimiento es **portavoz** de sí mismo y de las **fantasías inconscientes** del grupo.

En esto reside la diferencia de la técnica operativa con las otras técnicas grupales, ya que las interpretaciones se hacen en **dos tiempos y en dos direcciones** distintas.

<table>
<tr><td>

Se comienza por interpretar al portavoz, que por su historia personal es muy sensible al problema subyacente, y que —actuando como radar— detecta las fantasías inconscientes del grupo y las explicita.

</td><td>

Acto seguido se señala que lo explicitado es también un problema grupal, producto de la interacción de los miembros del grupo entre sí y con el coordinador; y que el portavoz —por un proceso de identificación subliminal— percibe y enuncia.

</td></tr>
</table>

Las fantasías inconscientes trascienden lo individual: son personales y corresponden a la estructura grupal en la que está inserto el sujeto. Son escenas vinculares y están en relación con la tarea.

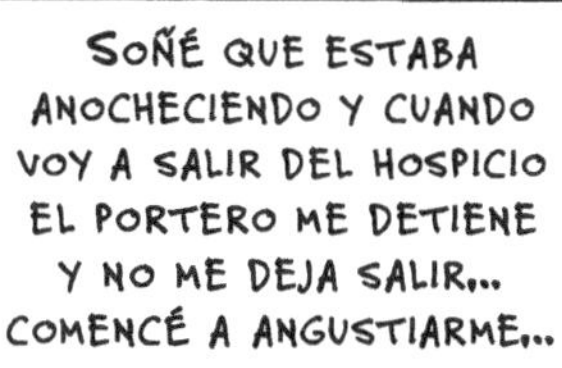

En la dimensión latente emergen condiciones del ámbito inmediato y mediato, y la historia de los vínculos de los integrantes del grupo alrededor de la tarea. Los integrantes portan la voz de tramas vinculares (del grupo, la institución o la comunidad de que se trate) que "hablan" o se expresan a través de ellos.

7° Contradicción: tarea explícita vs. tarea implícita

La técnica llamada de **grupos operativos** se caracteriza por estar centrada en forma **explícita** en una tarea que puede ser el aprendizaje, la curación (en este sentido, abarca a los grupos terapéuticos), el diagnóstico de las dificultades de una organización laboral, la creación publicitaria, etcétera.

> *La tarea implícita consiste entonces en la elaboración de **dos ansiedades** básicas: miedo a la **pérdida** de las estructuras existentes y miedo al **ataque** (ansiedad paranoide) de la nueva situación. Esta elaboración posibilita el cambio.*

Si las ansiedades persecutorias persisten, pueden dar lugar a **estereotipias** o disociaciones **dilemáticas** o **esterilizantes** en el grupo. Esta "resistencia" (o estructura resistencial) se define como la **pretarea**. Esta pretarea puede manifestarse **como si** se estuviera en **tarea**.

> *En la pretarea se ubican las técnicas defensivas que estructuran lo que se denomina la resistencia al cambio, movilizada por el incremento de las ansiedades de pérdida y ataque.*

> *Estas técnicas (defensivas) se emplean con la finalidad de postergar la elaboración de los miedos básicos; a su vez, estos últimos, al intensificarse, operan como obstáculo epistemológico en la lectura de la realidad. Es decir, se establece una distancia entre lo real y lo fantaseado que es sostenida por aquellos miedos básicos.*

La impostura (**el como si**) de la tarea aparece como dispositivo de seguridad destinado a poner al sujeto a **salvo** del sufrimiento, la ambivalencia y la culpa. Al tiempo que le impide asumir su identidad, lo exime del compromiso de un proyecto.

La **tarea**, por su parte, define una estructura de trabajo. No es ausencia o negación de la contradicción (ambivalencia), sino **abordarla** y **producir** a partir de ella.

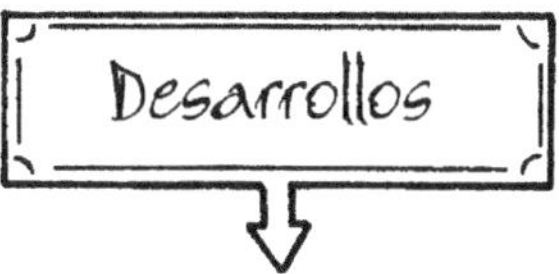

8. EL GRUPO OPERATIVO: UNA TÉCNICA DE INTERVENCIÓN
(QUE INCLUYE ELABORACIONES DE UNA LOGÍSTICA, UNA ESTRATEGIA, UNA TÁCTICA Y UNA TÉCNICA ESPECÍFICAS)

Desde el punto de vista ideológico y ético, la "O" de **Operativo** (en el Esquema Conceptual Referencial y Operativo —ECRO—) es lo que define con precisión la posición de Pichon Riviè-re como intelectual. La "O" de Operativo indica que el destino de todo su esfuerzo teórico no se debe a "la intención de lograr excelsos contempladores de la realidad, sino sujetos capa-ces de **transformarla**". La "O" de su ECRO indica la **direccionalidad** de su Psicología Social. Su teoría vale por lo que produce. La verdad es su operatividad.

La intervención en la Psicología Social es una intervención fundamentalmente **microsocial.** Si bien es cierto que hay psicólogos sociales que desarrollan, desde la función gubernamen-tal, planificaciones destinadas a operar modificaciones macrosociales, la gran mayoría de las intervenciones en Psicología Social se producen en los ámbitos grupales, institucionales y comunitarios.

Aunque la intervención se desarrolle en diversos ámbitos, el instrumento privilegiado de in-tervención es el **grupo operativo**.

En una intervención institucional es **imposible** crear un dispositivo para reunir a **toda la institución** (a menos que se trate de una organización pequeña), por lo cual la intervención debe ser diseñada con dispositivos de grupos pequeños.

Lo mismo ocurre con una comunidad. Se la puede convocar masivamente (como la ya referida **Experiencia Rosario**), pero la manera de operar con ellos será finalmente a partir de dispositivos grupales.

El pequeño grupo (de alrededor de 20 personas) permite la producción grupal conjunta. Se logra construir una representación del grupo como una totalidad.

Nacimiento del grupo operativo

La primera experiencia de Pichon Rivière con técnica grupal fue en 1936, con los enfermeros del Hospicio de Las Mercedes (tal como se narró en el capítulo II), a quienes les propone encuentros periódicos para hablar acerca de su práctica cotidiana en el Hospicio. Apela a la palabra y a crear las condiciones para que emerja un saber colectivo que proviene de su práctica cotidiana como enfermeros.

Desde la práctica cotidiana se produce un saber que **no se sabe que se sabe**, pero que emerge cuando se crean las condiciones y el dispositivo para ello.

En esta primera experiencia, Pichon Rivière estructura un marco de trabajo que tiene varias condiciones de lo que luego será la Técnica del grupo operativo.

1. Es un dispositivo de **producción social de saber**. Es decir, busca una producción simbólica conjunta.
2. Tiene una **direccionalidad**: pensar y conceptualizar una práctica determinada; apela a una praxis para acceder a un saber que proviene de la vida cotidiana o de la práctica social inmediata.
3. La propuesta no indica una relación dual o especular. No se trata de que se miren unos a otros. Los vínculos grupales están referidos siempre a un tercero estructurante que es la Tarea. Este objetivo común que ubica tanto los acuerdos como los obstáculos evita la rivalidad mortífera tan común en las relaciones humanas.
4. Se dan las condiciones de singularidad subjetiva y de heterogeneidad de los saberes puestos a producir. Pichon Rivière busca la homogeneidad en la tarea, no en los sujetos.

La **tarea explícita** consiste en capacitarlos en el rol de enfermeros. Pero durante el desarrollo de la tarea explícita emergen dificultades: conflictos en los vínculos o en la comunicación, que se tornan obstáculos frente a la tarea. Estos **obstáculos** denuncian, además, una actitud de **resistencia al cambio**. Trabajar y elaborar estos obstáculos permite una elaboración de la tarea implícita que tiene como objetivo promover un cambio grupal operativo —y en los esquemas referenciales subjetivos— que permita **regresar a la tarea explícita** en una espiral constante.

Toda situación de aprendizaje produce modificaciones, no totalmente conscientes, del esquema referencial. Este cambio promueve su desestructuración y reestructuración. Y, como hemos señalado, esta crisis del esquema referencial genera ansiedades.

El grupo operativo de los sesenta

El modelo natural de los grupos operativos no es el del ejército (que S. Freud tomó para analizar los fenómenos de masa), sino el **Grupo Comando**. En este tipo de grupo no hay un líder, sino que el liderazgo lo ocupa el objetivo, la tarea.

Los **roles se complementan**, porque si hay un cambio (muerte o prisión) los sobrevivientes deben cubrir la tarea del compañero faltante. O sea, es una estructura muy estricta en relación con el objetivo pero con muchas posibilidades de cambio y ajustes en la estrategia y en los roles, en función de las vicisitudes que enfrentan.

CONCEPTUALIZACIÓN DEL GRUPO OPERATIVO

El grupo operativo se define como **grupo centrado en la tarea**. No es un grupo centrado en el individuo como son, en general, los grupos terapéuticos. Tampoco es un grupo centrado en el grupo.

Pichon Rivière define al **grupo** como:

Conjunto restringido de personas ligadas entre sí por constantes de tiempo y espacio y articuladas por su mutua representación interna, que se plantea explícita e implícitamente una tarea que constituye su finalidad.

Y define al **grupo operativo** como:

Técnica que se caracteriza por estar **centrada en forma explícita en una tarea** que puede ser el aprendizaje, la curación (en este sentido, abarca a los grupos terapéuticos), el diagnóstico de las dificultades de una organización laboral, la creación publicitaria, etc. Bajo esta tarea explícita subyace otra implícita, que apunta a la ruptura, a través del esclarecimiento, de las pautas estereotipadas que dificultan el aprendizaje y la comunicación significando un obstáculo frente a toda situación de progreso o cambio.

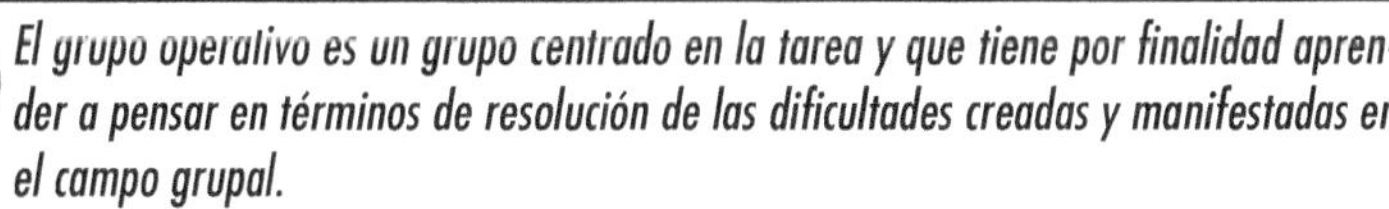

El grupo operativo es un grupo centrado en la tarea y que tiene por finalidad aprender a pensar en términos de resolución de las dificultades creadas y manifestadas en el campo grupal.

Condición de ser en el saber

En la tarea, cada integrante compromete su esquema referencial: no sólo dice lo que voluntariamente quiere expresar, sino que dice mucho más, ya que es **emisario** y **portavoz** de estructuras vinculares que lo han trascendido y conformado y que hablan a través de él o ella. En las intervenciones, cada integrante **compromete** sus modelos cognitivos, afectivos y de acción inconscientes. Al mismo tiempo que aporta a la tarea grupal, cada integrante puede estar siendo portavoz inconsciente de significaciones grupales, organizacionales o comunitarias, que posibilitan al Coordinador una lectura de la **latencia grupal**.

Conocimiento acerca de la sociedad

La Tarea grupal conlleva la **emergencia** de un saber. No es un saber que ya está y el Coordinador lo hace **drenar** en el dispositivo de grupo operativo, sino que es un saber que **no se sabe que se sabe** y que **se produce** en el Grupo; es una producción colectiva. Cada integrante del grupo opera como *partenaire* de otro, cuyo pensamiento estimula y sirve de apoyo para que ese otro produzca sus propias ideas, y, a partir de ese estímulo, se apoya un tercero, quien, a su vez, produce un aporte a la Tarea grupal.

A través de las **actitudes** del individuo —es decir, cómo se posiciona en un determinado vínculo— se accede a la noción de ciertas constantes que dan cuenta de que se trata de **roles** que, a su vez, corresponden a ciertas **funciones sociales** encarnadas en ellos en el amplio horizonte de una **organización social** determinada. Este conocimiento social es un **saber latente**. El sujeto no sabe que lo posee. Es ese saber que **"no se sabe que se sabe"**. Pero tampoco es un saber que está en "un depósito" esperando el "ábrete sésamo" para salir. Emerge en el dispositivo grupal como producción social o colectiva de saber.

Mayéutica socrática y exteligencia

Lo que emerge en el grupo operativo no es producto de la inteligencia de sus integrantes, sino de una *exteligencia* que emerge en la trama vincular de sujetos descentrados de sí.

Esta concepción de tarea como **producción colectiva de saber** está sostenida por un Equipo de coordinación que apela a una *"mayéutica socrática"* (*).

Esto significa que el coordinador **no enseña** lo que sabe, sino que sostiene una **interrogación**, una tarea abierta, inacabada, que permite la emergencia de la *exteligencia* en el grupo y la apropiación de cada uno de los integrantes de esa producción colectiva.

El objeto de conocimiento del grupo operativo es un campo de saber **polimorfo y polifacético**. Tiene la riqueza de todo producto de un saber colectivo.

Pichon Rivière coloca al coordinador de grupo operativo en la posición de Sócrates (*mayéutica socrática*). Es el que **provoca**, **interroga**, pone a **trabajar**, a **elaborar** colectivamente al grupo. Su función es posibilitar una apertura a nuevas significaciones, a la producción de saberes inéditos; en síntesis, a que cada integrante del grupo pueda avanzar hacia lo impensado.

Como si fuera un investigador científico (indagación-acción), al mismo tiempo que **interviene** e **interroga** la trama vincular grupal, **promueve** la producción de un saber inédito hasta entonces.

(*) **Sócrates** creía en la superioridad de la discusión sobre la escritura. Dialogaba y discutía y solía responder mediante preguntas. Creó así un método denominado *mayéutica* (o arte de "alumbrar" los espíritus) por el que lograba que sus interlocutores descubrieran la verdad a partir de ellos mismos.

Tarea explícita: es la que el grupo define y acuerda como **objetivo grupal**. Actúa como *tercero estructurante* grupal, como el objeto de intercambio que constituye un potente organizador grupal. Es la razón de ser del grupo.

Tarea implícita: bajo la tarea explícita subyace una tarea implícita que apunta a la **ruptura**, a través del esclarecimiento, de las pautas estereotipadas —inconscientes— que dificultan el aprendizaje y la comunicación, y significan un obstáculo frente a toda situación de progreso o cambio.

> *En el grupo operativo coinciden el esclarecimiento, la comunicación, el aprendizaje y la resolución de tareas con la salud, creándose así un nuevo esquema referencial.*

En esta dimensión de la **tarea implícita** (que no se define explícitamente en el grupo, pero que se está llevando a cabo y tiene efectos detectables, discernibles y observables) se da la articulación entre el aprendizaje y la salud.

La tarea implícita significa, para el psicólogo social, hacerse cargo de la **subjetividad** moderna. Es decir, le posibilita incidir sobre el sujeto moderno y colaborar a que desarrolle una actitud hacia el cambio, una adaptación activa a la realidad social.

En la **pretarea** se ubican las **técnicas defensivas** que estructuran la resistencia al cambio, movilizadas por el incremento de los miedos básicos (a la pérdida y al ataque). Pueden dar lugar a un "como si" estuvieran en tarea.

La **tarea** define una situación grupal donde el objeto de conocimiento se hace abordable: las contradicciones y la heterogeneidad grupal están direccionadas hacia la tarea y estimulando el aprendizaje y la comunicación.

Características del coordinador del grupo operativo:
- Desde su rol se plantea una **indagación-acción**.
- Su función es la de un **"copensor"**: no conduce el grupo. Piensa-con.
- No es un amo.
- No ocupa el lugar del saber.
- Su tarea es colaborar en la **elaboración de obstáculos** epistemológicos y epistemofílicos que frenen la tarea del grupo.
- Su objetivo es colaborar para que el grupo trabaje **direccionado** hacia su objetivo.
- La finalidad de sus intervenciones es lograr una **comunicación** dentro del grupo que se mantenga activa y creadora.
- **Busca resolver situaciones dilemáticas** y discusiones frontales.
- Colabora en el **análisis** de los esquemas referenciales e ideologías que operan como círculos viciosos frenando la operatividad del grupo.
- Su lectura de lo latente tiene como criterio de verdad la **operatividad**.
- La tarea del Coordinador está en la **pretarea** del grupo.
- Su lectura de la **transferencia** es en referencia a la tarea.
- Promueve en el grupo una articulación entre el saber de la práctica cotidiana y el saber científico.
- Evalúa la operatividad de sus intervenciones a través de la unidad de trabajo. La unidad de trabajo es la unidad mínima a considerar en la intervención. Constituye la secuencia existente-intervención-emergente.

Existente vs. emergente

Lo existente alude a lo dado en cualquier situación grupal. Tiene la complejidad y multidimensionalidad de los fenómenos grupales en un tiempo presente. A partir de lo existente, de lo dado, el psicólogo social elabora su intervención.

Todo diagnóstico o análisis de situación se efectúa sobre el existente. Luego de la intervención, el coordinador debe estar atento a efectuar una lectura del emergente grupal frente a su intervención.

Lo emergente es un significante nuevo que surge en el grupo y que le permite al coordinador ratificar o rectificar su hipótesis acerca del acontecer grupal.

En términos generales, el emergente define una multiplicidad de indicios comunicacionales y metacomunicacionales aportados por uno o por varios portavoces del grupo. Este material es una conjunción de verticalidad y horizontalidad grupal, constituyen escenas latentes que son leídas por el psicólogo social.

Lo emergente es una creación del grupo y su importancia técnica deviene del hecho de que acontece también luego de una intervención del coordinador.

La lectura de la noción de emergente es fundamental, pues le permite al coordinador un ajuste constante de su estrategia y su táctica.

ÉTICA DE LA RESPONSABILIDAD

Tener esta unidad de evaluación ("unidad de trabajo") permanente de las intervenciones es un instrumento valioso con relación al ajuste de la estrategia de intervención del coordinador. Pero además entraña una "ética de la responsabilidad". El psicólogo social asiste y se hace responsable de las consecuencias de su intervención.

155

La guerra simbólica: logística, estrategia, táctica y técnica

Toda intervención es una "guerra simbólica" o una guerra lúdica.

Un enfrentamiento de fuerzas donde **una parte** pugna por la ruptura de estereotipos, por dar cabida a planteos instituyentes, que buscan resignificar la situación y plantear cambios, aperturas, multiplicidades.

Y la **otra parte**, que representa la resistencia al cambio, la repetición, la permanencia y estereotipia de modos de pensar, sentir y hacer en un determinado campo.

El triunfo de la posición de resistencia significa una rigidización de lo instituido.

Se podría dar a la intervención psicosocial la misma definición que Pichon le da al fútbol:

Es por ello que Pichon Rivière toma del estratega de guerra C. Clausewitz (1780-1831) sus nociones de **logística, estrategia, táctica y técnica.**

Toda intervención requiere de una **logística:** evaluación del poderío propio y el del enemigo. En términos técnicos implica evaluar con qué recursos humanos, profesionales, económicos, técnicos se cuenta y cuáles son los obstáculos que se presentan o podrían presentarse desde el campo.

Aquellos sobre quienes se opera, cuanto **más tengan para perder** (privilegios, posición simbólica, riqueza económica, etc.), opondrán más resistencia. Los que no tienen **nada que perder**, por lo general, impulsan más fácilmente los proyectos innovadores.

Con estos elementos, se desarrolla la planificación direccionada al fin propuesto. Es decir, la **estrategia**.

Para llevar a cabo esa estrategia, se recurre a una **técnica**: es decir, un dispositivo con un conjunto de procedimientos y recursos de que se sirve el coordinador.

Finalmente, la **táctica** permite el **ajuste** de la estrategia a la ejecución, a la acción. Es un arte. Alude al **tacto** —al "cuando" intervenir—, para que el coordinador no se transforme en un obstáculo para el grupo.

- está centrada en la tarea grupal,
- tiene un número de no más de veinte personas,
- con una duración de por lo menos una hora y media en cada reunión,
- donde se fijan **roles** muy precisos para los integrantes.

LOS ROLES SON:

integrantes: quienes deben trabajar en función del objetivo que se han planteado;

observadores: que registran y confeccionan una crónica de la producción grupal;

coordinador: que no da información teórica al grupo ni ocupa el lugar del saber, sino que colabora en la fluidez de la comunicación; coopera además en la remoción de obstáculos e intercede en las situaciones dilemáticas que estanquen o frenen la riqueza de la producción heterogénea y contradictoria de los integrantes del grupo.

Verticalidad y horizontalidad

Como ya se ha señalado,

Verticalidad: es todo lo referido a la historia personal del sujeto.

Horizontalidad: el proceso y la situación que se da en el aquí y ahora del grupo y que involucra a la totalidad de los miembros del grupo.

Roles fundamentales en el grupo operativo

Portavoz

Es un miembro del grupo que denuncia el acontecer grupal, las fantasías que lo mueven, las ansiedades y necesidades del grupo. El portavoz habla por sí mismo y por todos. En él se conjugan la verticalidad y la horizontalidad grupal.

Lo enunciado por el portavoz y su manera de hacerlo están en relación con su historia personal, pero el hecho de que las formule **en un momento dado** del acontecer grupal señala el carácter horizontal del emergente.

Chivo emisario

Siguiendo el proceso natural de adjudicación y asunción de roles, un miembro del grupo se hace **depositario** de los aspectos **negativos** o atemorizantes del grupo o de la tarea. Esto es un acuerdo **tácito** en el que se comprometen inconscientemente tanto él como los otros miembros. Aparecen entonces los mecanismos de segregación y ataque al "chivo emisario".

Líder

Es aquel que se hace depositario de los aspectos **positivos** del grupo y ejerce su **liderazgo** en uno o varios vectores del grupo (pertenencia, pertinencia, cooperación, comunicación, etc.). Los roles de líder y chivo emisario están íntimamente ligados, ya que el rol de chivo surge como preservación del liderazgo a través de un proceso de disociación.

Saboteador

El integrante que ejerce persistentemente el liderazgo de la resistencia al cambio cumple el **rol de saboteador.**

Vectores del cono invertido

La constatación sistemática y reiterada de ciertos fenómenos grupales ha permitido a E. Pichon Rivière construir una escala de evaluación básica.

ESQUEMA DEL CONO INVERTIDO

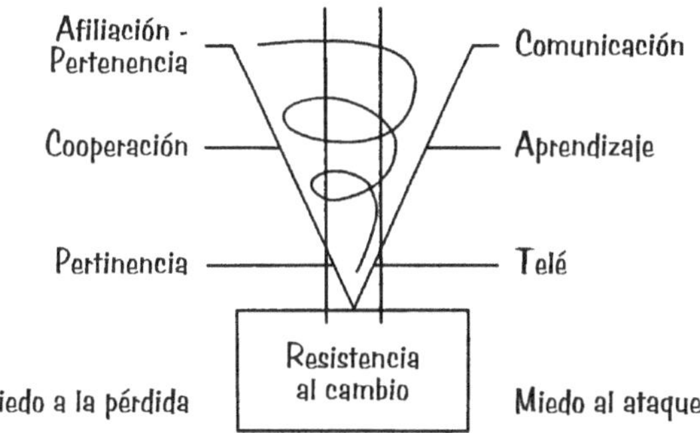

- El primer vector de esta categorización es el de **afiliación:** situación en la que el sujeto guarda una determinada distancia sin comprometerse totalmente con el grupo. Este primer momento de afiliación se convertirá más tarde en **pertenencia.**

- La **pertenencia**, entonces, designa una mayor integración al grupo y una capacidad de compromiso con la tarea grupal. El sentirse comprometido con el destino del grupo.

- El vector **cooperación** consiste en la contribución, aun silenciosa, a la tarea grupal. A través de la cooperación se hace manifiesto el carácter interdisciplinario del grupo operativo y el interjuego de la verticalidad y la horizontalidad grupal.

- El vector **pertinencia** consiste en el centramiento del grupo en la tarea prescripta. La calidad de esta pertinencia se evalúa de acuerdo con el monto de la creatividad y la productividad del grupo.

- La **comunicación** que se da entre los miembros puede ser **verbal** o **preverbal,** a través de gestos. Dentro del vector comunicación se toma en cuenta no sólo el contenido del mensaje, sino también el cómo y el quién del mensaje, o sea, la *metacomunicación.* Cuando el contenido del mensaje y la metacomunicación no coinciden, se configura un malentendido en el grupo.

- El vector **aprendizaje** se logra por sumación de información. En determinado momento se produce un **cambio cualitativo** en el grupo que se traduce en términos de resolución de ansiedades, adaptación activa a la realidad, creatividad, proyectos, etcétera.

- El vector **telé** fue definido por Jacobo Moreno(*) como disposición positiva o negativa para trabajar con otro. Se observa en **cierto clima grupal** que puede ser traducido como **transferencia** positiva o negativa con el coordinador y los miembros entre sí, siempre en relación con la tarea.

(*) **Jacobo Levy Moreno** (1889-1974), médico psiquiatra rumano, creador del **Psicodrama,** primer modelo que incluye la acción y la escenificación en un grupo de terapia.

Síntesis de intervención desde la Psicología Social

La **metodología de intervención** privilegiada en la Psicología Social de Enrique Pichon Rivière es el **grupo operativo**.

- Se trata de un grupo centrado en la **tarea** (no se centra ni en el individuo ni en el grupo).
- La **participación en el grupo operativo** es indispensable para la formación del psicólogo social, ya que no se puede intervenir –como **coordinador**– si no se ha atravesado el proceso subjetivo que comporta su experiencia. Solamente la experiencia como integrante de un grupo operativo ofrece la capacidad de posicionarse luego como coordinador.
- **Coordinar** implica desarrollar una capacidad de escucha múltiple: no ejercer un liderazgo, sino preservar la direccionalidad de la tarea grupal, asumir una posición de **prescindencia** para que emerja la palabra del otro, y articular la producción colectiva que emerge a través de los integrantes (lectura de emergentes).
- Esta metodología **depone el dominio** desde el rol del coordinador y promueve el saber existente en el grupo en función de un objetivo común.
- Es una propuesta **sumamente operativa** para intervenir en contextos grupales de temáticas variadas, en organizaciones (ONG o empresas) y en la comunidad.
- Es un dispositivo que promueve la organización de colectivos en función de un objetivo común, pero sin descuidar la singularidad.
- El grupo operativo promueve la **lógica democrática:** recupera la dignidad de la palabra singular y la diversidad de saberes e historias.
- El valor en el grupo operativo no está dado en términos de una lógica de **rivalidades**, sino en términos del **aporte a la tarea**.
- Las diferencias en el grupo son su potencia, ya que aportan riqueza heterogénea a la producción grupal.
- En el trabajo comunitario, el grupo operativo promueve la reinserción de los excluidos sociales. Crea espacios microsociales de tejido social (tramas vinculares anudadas por identificación a un objetivo común) que renueva un contrato social democrático, de transparencia (de la palabra y la acción), de sostén de diferencias, del otro como *partenaire*, como apoyo a la capacidad de desarrollo subjetivo y solidario en relación con la tarea.

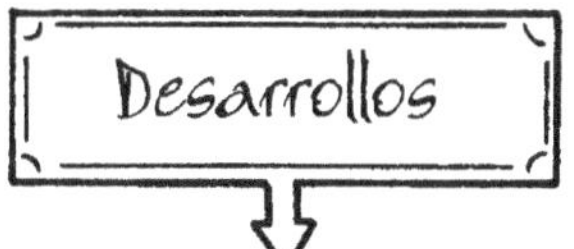

9. Una concepción de la Psicología Social

La teoría de Enrique Pichon Rivière postula a la Psicología Social como un **nuevo campo** de saber dentro de las Ciencias Sociales.

Cierta "ceguera social" (el descuido de la dimensión vincular) impide la lectura y la intervención en las estructuras vinculares. Estas estructuras vinculares se hallan fundamentalmente operando, en **estado práctico,** sin que se tome en cuenta su carácter de **verdad.**

Incluir la lectura de las estructuras vinculares significa tomar conciencia de que cada ser humano forma parte de un tejido social del cual será **portavoz** y **emisario** de acuerdo con la posición que ocupe en dicha estructura. El sujeto guarda con ella una relación productora y producida. Es decir, una relación mutuamente transformante.

Toda estructura vincular está direccionada y abierta hacia un proyecto. De no ser así, pierde el rumbo y se estereotipa dando lugar a los diversos síntomas de **deterioro** que produce toda lógica de **clausura**.

El hecho de **pertenecer** a una trama del tejido social y ser reconocidos como sujetos sociales facilita la recuperación de los jóvenes marginales o jóvenes judicializados alejándolos de la droga y del delito.

No basta el reconocimiento de su singularidad en un tejido social determinado. Es necesaria una estructura vincular que **sostenga** un proceso abierto y direccionado en función de deseos y proyectos.

Por una Psicología Social autónoma

Pichon remarca el carácter **interdisciplinario** de la Psicología Social. La que define como una "interciencia" y postula como una disciplina autónoma producto de una "epistemología convergente".

Si bien toma conceptos de otras disciplinas, no depende de ninguna de ellas, puesto que reelabora esos conceptos de un modo singular y en relación con una práctica específica: **las estructuras vinculares en sus modalidades grupales, organizacionales y comunitarias**.

De modo que la Psicología Social no es una especialización o una rama de la psicología ni de la sociología; es una nueva ciencia, o aspira a serlo, en el amplio espectro de las Ciencias Sociales.

Con relación a la historia de la Psicología Social, Pichon ocupa un lugar "excéntrico" en el sentido de que postula una Psicología Social que está "fuera" (al margen, no en el centro) de las preocupaciones académicas. Se abstiene de las experiencias de laboratorio y propone la **indagación-acción** en las prácticas sociales de la vida cotidiana.

Psicología Social: una definición

La Psicología Social es **definida** sucesivamente como la que debe dar cuenta de:

El hombre en situación

Alude a que nadie puede ser entendido sólo en términos de **sí mismo**, como ser aislado. Cada ser humano debe ser definido como el anudamiento singular de una **compleja trama** de vínculos y circunstancias en la que se halla inmerso y que constituye el campo ineludible de sus desafíos y decisiones. La pertinencia de la Psicología Social se halla en los sujetos descentrados en un vínculo: en los sujetos interrelacionados.

Si bien el término "**situación**" viene de la tradición existencialista –desde Sören **Kierkegaard** hasta Jean-Paul **Sartre**, pasando por Karl **Jaspers**–, Pichon Rivière se acerca a la postura de **John Dewey**(*), quien afirma que nunca hay hechos aislados, sino que todos forman parte de un conjunto en relaciones constituyentes.

(*) **John Dewey** (1859-1952), filósofo, psicólogo y educador estadounidense. Autor, entre otros libros, de *La escuela y la sociedad* (1889), *Democracia y Educación* (1916), *Naturaleza humana y conducta* (1922), *El arte como experiencia* (1934) y *Problemas del hombre* (1946).

El sujeto productor y producido

El ser humano es **producto** de sus circunstancias históricas, pero además tiene un **carácter activo** en la **producción** de dichas circunstancias. Toda sociedad tiene como proyecto el **producir sujetos** que sean capaces de **reproducirla**. Este proyecto de **reproducción de sí misma** se encarna en instituciones y en instituidos sociales, siendo **el vínculo** el gran intermediario.

Dimensión autónoma

Además de una **dimensión reproductora**, Pichon Rivière rescata siempre una **dimensión de autonomía** del sujeto que puede transformar el medio social en que vive.

En 1976 define su Psicología Social como la disciplina que debe dar cuenta de **cómo la estructura social deviene fantasía inconsciente** subjetiva.

Según Pichon Rivière, a muchos teóricos de las Ciencias Sociales se les ha escapado la problemática de la **acción**. Descuidar la dimensión de la acción humana es consecuencia de la ceguera social que **no visualiza la importancia de la estructura vincular**, la dimensión de la interrelación humana. Marx había ya realizado una clara advertencia en relación con la acción: "No confundir las cosas de la lógica con la lógica de las cosas".

IV. APÉNDICE

Panorama internacional e histórico de la Psicología Social

Indagar acerca de los orígenes de la Psicología Social llevaría a remontarse a la historia misma del pensamiento humano. Todas las reflexiones que produjeron los seres humanos acerca de su organización social y política son un intento por explicar el mundo vincular y por instrumentar técnicas que hoy llamamos de intervención. Así, podríamos situar el origen del pensamiento psicosocial en la antigua Grecia: en la *República* de Platón o en la *Política* de Aristóteles. O, en los inicios de la modernidad, en *El príncipe* de Maquiavelo, por ejemplo.

Sin embargo, si nos atenemos a una concepción clásica, debemos rastrear la historia de la Psicología Social en aquellos pensadores que de manera sistemática y consciente buscaron aportar a la reflexión de un campo relacional y al análisis de producciones sociales.

En el siglo XIX, momento en que surgen las llamadas Ciencias Sociales —sociología, psicología, antropología, etc.—, hace su aparición la Psicología Social. Desde su nacimiento se perfilan dos perspectivas: la corriente sociológica y la individualista(*).

(*) Seguiremos los desarrollos de dos autores: José R. Torregrosa, *Estudios Básicos de Psicología Social*, Hora S.A., Barcelona, España, 1984, y Amalio Blanco, *Cinco tradiciones en la Psicología Social*, Morata, Madrid, España, 1995.

Los pioneros

En los inicios del siglo XIX, el filósofo **Johann Friedrich Herbart** (1776-1841) publica su *Psychologie als Wissenschaft* (1825). Allí postula:

Para este filósofo, la psicología debe investigar al individuo dentro de la sociedad, estudiar sus relaciones e interacciones con otros. Es decir, postula una psicología de las relaciones entre los individuos, las leyes que rigen en estas relaciones y los efectos que surgen de ellas.

Auguste Comte (1798-1857) reflexiona acerca de la influencia que recibe el individuo por la sociedad. Dice el fundador del positivismo que la sociología permite conocer nuestros atributos intelectuales y morales (inteligencia y actividad) que son sólo importantes en su impulso colectivo.

170

En 1860, **M. Lazarus** y **Hermann Steinthal** postularon una psicología de los pueblos:

La psicología de los pueblos comprende el estudio del lenguaje, las costumbres, los mitos y la religión. Estos autores proponen, a mediados del siglo XIX, a la psicología de los pueblos como una **disciplina independiente** en contraposición a otro contemporáneo, el psicólogo **Wilhelm Wundt**, quien la propone como una parte de la psicología que se ocupa del individuo.

En 1871, **Gustav Adolf Lindner**, siguiendo la influencia de Herbart, sostiene que la conciencia de los individuos no se distingue de la conciencia de la sociedad o conciencia pública.

En los Estados Unidos, el filósofo **Abram Ellwood** presenta su tesis doctoral (1900) donde propone que la Psicología Social sea una **"psicología de los grupos"**.

Años más tarde, en 1914, **Hans Lorenz Stoltenberg** postula una **sociopsicología** para estudiar el papel que **los otros** juegan en la conciencia del individuo y la marcan a través de la experiencia social y sus actitudes. Propone también una **psicosociología** o estudio del alma del grupo.

Émile Durkheim (1858-1917), considerado el creador de la escuela francesa de sociología académica y metodológicamente científica, sostiene que todo hecho social es exterior al individuo.

Gabriel Tarde (1843-1904) polemizó con Durkheim. Según Tarde, no hay hecho social que no ancle en la subjetividad, en la interioridad de las conciencias individuales. Este autor investigó en la criminología, en la influencia de medios de masas y la estratificación social. Por ello muchos lo consideran el padre de la indagación **psicosociológica**.

Gustave Le Bon (1841-1931), autor de *Psicología de las multitudes*, influyó en este debate. Actualmente se la considera una obra ideológica de corte fascistoide con ropaje científico. *Psicología de las masas y análisis del yo*, de Sigmund Freud, puede ser considerada una magnífica réplica de las concepciones ideológicas de Le Bon.

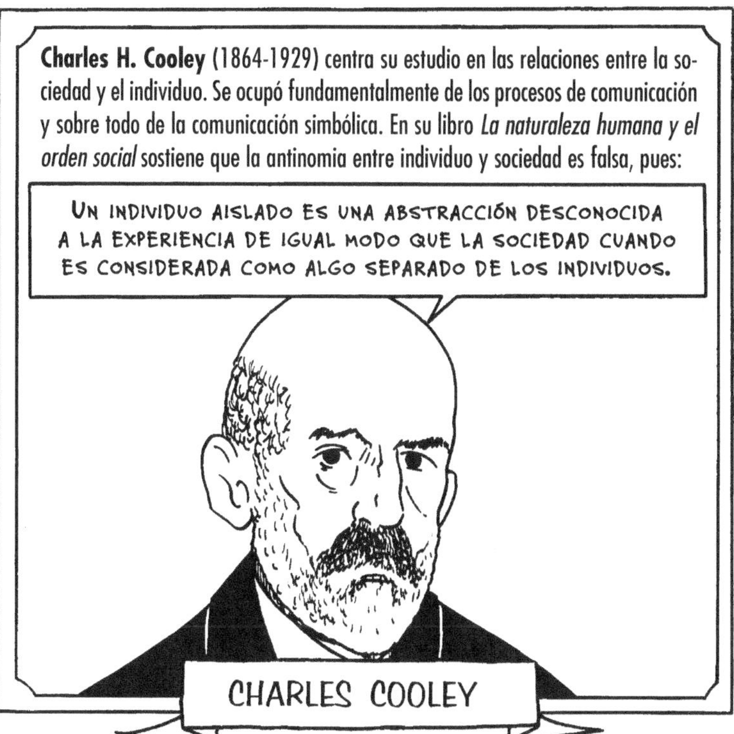

Su distinción de los grupos primarios y secundarios sigue aún vigente:

"Por **grupos primarios** significo los grupos caracterizados por una asociación y cooperación íntima, cara a cara. Son primeros en varios sentidos, pero sobre todo por el hecho de ser fundamentales para formar la naturaleza social y los ideales del individuo. El resultado de la asociación es una cierta fusión de las individualidades en un todo común, de modo que el propio yo de uno, por lo menos en muchos sentidos, es la vida común y el propósito del grupo" (Ch. Cooley).

El **grupo secundario** es más numeroso, no necesariamente se comunican cara a cara. Pueden hacerlo indirectamente a través de los medios de comunicación masivos. Cualquier institución es un ejemplo de grupo secundario.

William I. Thomas (1863-1947) ejerce una gran influencia en la Psicología Social estadounidense desde la Universidad de Chicago. Considera que las actitudes deben ser el objeto central de la Psicología Social. Escribe una obra fundamental, en colaboración con Florian Znaniecki: *El campesino polaco en Europa y América* (Investigación entre 1918-1920).

Perspectiva sociológica vs. perspectiva individualista

La corriente sociológica que postula a **la Psicología Social como disciplina autónoma** se encarna en **George H. Mead** (1863-1931), **Muzafer Sherif** (1906-1988), **Theodore Newcomb** y **Solomon Asch** (1907-1996).

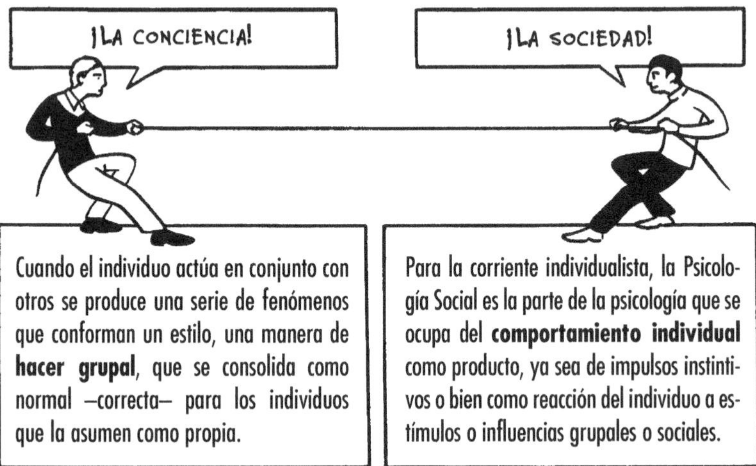

Wilhelm Wundt (1832-1920), recordado en la historia de la psicología como el creador de la **psicología experimental,** es propiciador de la independencia de la psicología como disciplina y propone su investigación a través de la instrospección. Wundt escribió además su monumental obra de diez tomos que denominó *Volkerpsychologie*, cuya primera publicación apareció en 1900; allí desarrolla el concepto de "alma del pueblo" o "psicología del pueblo" tal como lo plantearon M. Lazarus y Hermann Steinthal.

William McDougall (1871-1938) es uno de los iniciadores de la **psicología experimental** en Inglaterra. Tiene una fuerte influencia del evolucionismo darwiniano: sostiene que los impulsos instintivos determinan los motivos u objetivos de todas las actividades que llevan a cabo los seres humanos. Su obra, *Una introducción a la Psicología Social* (1908), es junto a la de **E. A. Ross** (*Social Psychology*, 1908) un hito fundamental en el reconocimiento científico de la Psicología Social. Ross usó por primera vez, en un trabajo sociológico de finales del siglo XIX, el término "**control social**".

Gordon Willard Allport (1897-1967), autor de *Psicología Social* (1924), propone el método experimental como recurso científico por excelencia; sostiene que es el único capaz de legitimar los conocimientos de la Psicología Social. Habla, incluso, de "falacia del grupo".

En su perspectiva individualista se advierte la influencia del positivismo, que tiende a identificar la ciencia con el método experimental. El positivismo considera científico el estudio de un objeto aislado de su entorno y del observador. Esta concepción metodológica y filosófica encuentra su expresión y reafirmación en la ideología capitalista.

Kurt Lewin (1890-1947) es uno de los autores decisivos para la concreción de una Psicología Social autónoma. Desde su perspectiva individualista, aporta una gran base teórica e importantes experiencias. Sin embargo, su disposición no responde a un individualismo metodológico sino que es dialéctica. Su propuesta está ubicada epistemológicamente como una **teoría de campo**. Esto significa que los elementos de un ambiente tienen una cualidad de interrelación que los hace interdependientes.

A la corriente individualista y experimentalista también pertenece **G. C. Homans**, quien propone la teoría del intercambio. Escribió *El grupo humano* (1950).

En *Social Behavior* (1961), Homans, desde una posición conductista, sostiene que los grupos sociales y las sociedades son el resultado de las interacciones que los individuos llevan a cabo a lo largo del tiempo y que no son más que eso.

J. W. Watkins (1955), como reacción a una concepción que otorga preeminencia a lo social con relación al individuo, postula un **individualismo metodológico**. Señala que no existen sino individuos y que éstos son la única unidad de análisis de las Ciencias Sociales. No hay nada que el individuo no pueda enfrentar y modificar, así sean eventos sociales como la inflación, las revoluciones políticas, la desaparición de las clases medias, etc. Todos estos avatares son ocasionados, según Watkins, por individuos.

Autores contemporáneos, como **M. Shaw** y **P. Costanzo**, postulan que la Psicología Social tiene como objeto de estudio científico la conducta individual como efecto de los estímulos sociales.

E. Hollander, en esta misma línea, plantea que la Psicología Social se interesa por la influencia que el medio social ejerce sobre el individuo.

Elliot Aronson define la disciplina como la que estudia la influencia que las personas ejercen sobre las creencias o las conductas de las demás personas.

Algunos autores han retomado el individualismo metodológico en planteos como el de **A. Newell** y **H. Simon**. Según éstos, el sujeto cognitivo se comporta como un ordenador en el sentido de que, a través de ciertos receptores, absorbe estímulos o informaciones que vienen del medio ambiente.

Lo específico de la Psicología Social

Las corrientes sociológica e individualista van generando un territorio común que conforma lo específico de la Psicología Social. Aparecen así conceptos relevantes y coincidentes:

- la **interacción humana** como algo específico de la Psicología Social,
- las relaciones entre los seres humanos en condiciones de **interdependencia.**

Estas ideas están latentes o manifiestas en los postulados de S. Asch —en su concepto de grupo— y en K. Lewin —en su teoría topológica—, y están, desde ya, en la Psicología Social marxista.

La sociedad como un teatro

Una corriente muy fructífera en la Psicología Social plantea el mundo social como una escena y a los seres humanos ocupando, en esa escena, determinados roles. Es una posición teórica que marca la dependencia del individuo respecto de la sociedad.

Robert King Merton (1910-2003), representante del funcionalismo estructural, plantea que en la situación social el ser humano desempeña roles: varios niveles de interacción y de relaciones sociales. Estos roles permiten hacer previsible el comportamiento humano. De allí la importancia de las expectativas y los valores.

Eugene Hartley y **Ruth Hartley, Bruce Biddle** y **Ralph Dahrendorf** (1929) son algunos de los autores que a partir de los años cincuenta desarrollan conceptos importantes como *status* y posición de rol, grupos de referencia, normas de conducta y expectativas de conducta, contexto, aprendizaje, etcétera.

Theodore Newcomb plantea la doble perspectiva en el concepto de rol: por un lado, la prescripción social de un rol determinado y, por otro, el individuo particular que, no exento de libertad, lo lleva a la acción.

George Herbert Mead (1863-1931), discípulo de William James (1842-1910) y amigo íntimo de John Dewey, adscribe al pragmatismo americano. Docente de la Universidad de Chicago, su obra fundamental *Espíritu, persona y sociedad* (1934) se publica después de su muerte.

Sus aportes fundamentales son:

- El considerar la naturaleza social del sujeto.
- El desarrollo de la mente del sujeto es la condición de la interacción simbólica que se da entre los seres humanos.
- La comunicación simbólica se produce a través del lenguaje: símbolo significante que circula en los procesos de interacción social.
- La conciencia del propio yo surge en un contexto social.

Fundador del **interaccionismo simbólico**, G. H. Mead ubica el rol en una visión compleja de la vida interactiva del ser humano. Sostiene que el ser es en primer lugar un ser social que vive en un proceso **inexorable** de interacción, de comunicación, a través de símbolos que poseen toda la carga cultural de significados y valores.

La conciencia individual es la adopción de las actitudes de otros significativos hacia uno mismo. Plantea el concepto de *rol taking* (el rol asumido): el ser humano se convierte en sí mismo **a través de los demás**. Es fundamentalmente un creador de signos y de significaciones que comparte con otros.

En la misma dirección que Mead, **Arnold Rose** sostiene que, si bien la sociedad tiene una primacía sobre el individuo, no se trata de determinismo social. Los patrones y expectativas culturales pautan conductas universales, pero hay **una distancia de rol** que otorga cierto margen de libertad a la hora de asumir y llevar el rol a la acción.

Psicología Social dialéctica

La influencia de **Carlos Marx** en esta corriente de pensamiento es indudable. Sobre todo con relación a la concepción de un **sujeto social**, la noción de **conciencia** y **alienación**, el concepto de **necesidad** y el papel del hombre en la **historia**. Pero, por sobre todo, por su metodología **dialéctica materialista**.

Marx plantea a este ser social en condiciones materiales de existencia, fundamentalmente su vinculación a través del trabajo; o sea, el lugar social que ocupa en el proceso de producción. Este individuo está condicionado por el lugar que ocupa en la estructura productiva y por las relaciones de producción en las que está inserto, pero también es un ser que actúa, capaz de transformar y cambiar su conciencia de clase y sus condiciones de existencia.

En esta corriente de pensamiento se sitúa **Erich Fromm** (1900-1980), miembro de la Escuela Crítica de Frankfurt, quien en *Psicoanálisis de la sociedad contemporánea* (1955) llama la atención sobre las perturbaciones psicológicas que provienen de un modo capitalista de producción. Sitúa su análisis en una sociedad industrial tendiente al consumo alienado.

En los años setenta, **León Rappaport** postula que una Psicología Social dialéctica debe ocuparse de las personas y los grupos **como productos de circunstancias históricas cambiantes**. Las personas deben ser entendidas en procesos contradictorios y a partir de conflictos internos y de sus relaciones con el ambiente. La Psicología Social debe extender su comprensión a la complejidad de la lógica de la vida cotidiana. Para este autor juega un papel fundamental la ideología que impera en el desarrollo del conocimiento y en la elaboración de teorías acerca del comportamiento humano.

En *Social Psychology as History* (1973), **Kenneth Gergen** postula que hay una diferencia radical entre la Psicología Social y las Ciencias Naturales.

El psicólogo social, afirma, está incluido en el campo que investiga. Su subjetividad está presente tanto en el objeto de su investigación como en el método utilizado y las maneras de percibir e interpretar el fenómeno que indaga. Si se investigan las líneas de desarrollo de la Psicología Social, se descubre la influencia histórica sobre los temas elegidos para investigar y los desarrollos teóricos y metodológicos.

En los años ochenta y desde una posición materialista histórica, el salvadoreño **Ignacio Martín Baró** ha llamado la atención sobre la poca relación que la Psicología Social clásica tiene respecto de las problemáticas latinoamericanas. Sostiene que los problemas que abordan las investigaciones y los textos de Psicología Social son los de un país como los Estados Unidos, que es centro de poder y que busca afianzarse en su propio campo científico.

1 La **tensión dialéctica** entre el sujeto y el medio social en que vive. El comportamiento humano es un fenómeno psicosocial concreto que acontece en la vida cotidiana cargado de significación histórica, pero direccionado hacia el futuro y en constante cambio.

2 La relación **sujeto-sociedad** es una relación en constante proceso de **transformación**. No hay una separación, sino una unión de contrarios entre el individuo y la sociedad, entre la ciencia y la historia, y entre la ciencia y la sociedad.

3 La experimentación no es un método que pueda dar cuenta de la dialéctica de la realidad humana concreta ya que, aunque en ciertos aspectos puede ser de valor, es sumamente restrictiva: no puede acceder a la complejidad de los múltiples factores que actúan en el mundo social. Para abordar la realidad social son necesarias metodologías cualitativas.

4 La interrelación entre la teoría y la práctica.

5 No hay independencia del investigador científico: éste forma parte de su cultura con sus valores, su ideología, etcétera.

Si bien no se declaran explícitamente dialécticos, es justo incluir en una perspectiva tanto a Kurt Lewin como a George Mead.

En el *espacio vital,* concepto de **K. Lewin**, encontramos la interdependencia entre la persona y el ambiente. Para comprender el comportamiento humano es necesario considerar esa trilogía dialéctica: **ambiente, persona y conducta.** Kurt Lewin sostiene que la dinámica de un proceso siempre debe ser entendida como la relación de un individuo concreto en una situación concreta.

Estos pensadores fundaron dos modos potentes de pensar la Psicología Social. Enrique Pichon Rivière reconoció su deuda teórica fundamentalmente a estos dos autores y con quienes es posible identificarlo. Los tres tienen un rasgo en común: hicieron de lo psicosocial no sólo una corriente de pensamiento o de indagación, sino un estilo de vida y de acción, un modo de ser.

Algunas escuelas y estudiosos actuales de la Psicología Social

Argentina: Hay decenas de Instituciones formativas transmitiendo el pensamiento de Enrique Pichon Rivière. Los profesionales formados en su ECRO (desde 1953 a la actualidad) se contabilizan por miles en la Argentina (A. Bauleo, A. Fiasché, F. Ulloa, H. Kesselman, C. Fumagalli, O. Bricchetto, A. Quiroga, G. Adamson, M. M. García Vecci, L. Schvarstein, H. Fainstein, E. Meister, G. Jasiner, M. Woronowsky, etc.).

México: La **Licenciatura en Psicología Social** (Universidad Autónoma Metropolitana) tiene más de treinta años. Psicología Social pichoniana: Margarita Basz, José Perrez.

Psicología política: F. J. Uribe Patiño, María Teresa Acosta, Juana Juárez R., María Irene Silva. En México también hay una corriente de *Teoría Crítica* (Revista *Paideia:* Abel Arróniz Muñoz y colaboradores).

Colombia: Existe un grupo de investigación que articula el ECRO de Pichon Rivière con conceptos del psicoanálisis lacaniano: Jaime Carmona, Hernando Bernal y María Paulina Mejía, de la FUNLAM.

El Salvador: Ignacio Martín Baró *(Psicología Social comunitaria).*

Venezuela: Psicología Social comunitaria (Maritza Montero, Esther Weinsenfeld).

Francia: Serge Moscovici *(Análisis de minorías y de las representaciones sociales).*

España: El *construccionismo* social de Tomas Ibáñez, en Barcelona. Y un movimiento interesante que pugna por una Psicología Social autónoma y comprometida con experiencias con sujetos sociales en una realidad concreta donde se encuentran Amalio Blanco Abarca, José R. Torregrosa, Blanca Muñoz, entre otros.

La Psicología Social de Enrique Pichon Rivière tiene extensiones en Latinoamérica y el mundo. Numerosos discípulos la transmiten en México (Margarita Basz y J. Perrez), Brasil (Marco Velloso), Colombia (Jaime Carmona, Ovidio Muñoz), Uruguay (Hugo Monetti, Alfonso Lans, Juan E. Fernández Romar, Sylvia Castro, Ana Luz Protesoni, etc.), Chile (Horacio Foladori) e Italia (A. Bauleo). En España, tuvo su principal difusión en el argentino Hernán Kesselman, exiliado en los años de dictadura (1976/83), que luego regresó a su país, la Argentina.

BIBLIOGRAFÍA

Libros de Enrique Pichon-Rivière

Del Psicoanálisis a la Psicología Social - Tomo I
El proceso grupal, Editorial Galerna, Buenos Aires, Argentina, 1971

1944: "Picasso y el Inconsciente"
1946: Notas para la biografía de Isidoro Duchase, Conde de Lautréamont
1946: Lo siniestro en la vida y en la obra del Conde de Lautréamont
1951: Algunas observaciones sobre la transferencia en los pacientes psicóticos
1955: Prólogo al libro de Franz Alexander y Thomas M. French, *Terapéutica psiconalítica*
1955: Comentario final al libro de Franco di Segni, *Hacia la pintura*
1957: "Aplicaciones de la psicoterapia de grupo"
1960: Técnica de los grupos operativos
1960: Empleo del Tofranil en psicoterapia individual y grupal
1960: Tratamiento de grupos familiares: psicoterapia colectiva
       La psiquiatría en el **contexto** de los estudios médicos

**Presentación a la cátedra de Psiquiatría
de la Universidad Nacional de La Plata**

1961: Discurso pronunciado como presidente del 2° Congreso Argentino de Psiquiatría
1971: Prólogo
1946: ¿Qué es el psicoanálisis?
1967: Una nueva problemática para la psiquiatría
1964: La noción de tarea en psiquiatría
1964: Praxis y psiquiatría
1965: Freud: punto de partida de la Psicología Social
1960: Empleo del Tofranil en psicoterapia individual y grupal
1960: Tratamiento de grupos familiares: psicoterapia colectiva
1965: Grupos familiares. Un enfoque operativo
1957: Aplicaciones de la psicoterapia de grupo
1961: Discurso pronunciado como presidente del 2° Congreso Argentino de Psiquiatría
1960: La psiquiatría en el **contexto** de los estudios médicos
1961: Presentación a la cátedra de psiquiatría de la Universidad Nacional de La Plata
1963: Prólogo al libro de F. K. Taylor, *Un análisis de la Psicoterapia Grupal*

1960: Técnica de los grupos operativos
1965: Grupos operativos y enfermedad única
1969: Grupo operativo y modelo dramático
1969: Estructura de una escuela destinada a psicólogos sociales
1965: Discépolo: un cronista de su tiempo
1965: Implacable interjuego del hombre y del mundo
1970: Una teoría de la enfermedad
1970: Una teoría del abordaje de la prevención en el ámbito del grupo familiar
       Historia de la Técnica de los grupos operativos
1970: Concepto de ECRO
1970: El concepto de Portavoz
1972: Cuestionario para "gentemergente"
1972: Entrevista en Primera Plana
1972: Aportaciones a la didáctica de la Psicología Social

Del Psicoanálisis a la Psicología Social - Tomo II
La psiquiatría, una nueva problemática, Editorial Galerna, Buenos Aires,
Argentina, 1971

1943: Exposición sucinta de la teoría especial de las neurosis y psicosis
1946: Contribución a la teoría psicoanalítica del esquizofrénico
1946: Psicoanálisis de la esquizofrenia
1941: Algunos conceptos fundamentales de la teoría psicoanalítica de la epilepsia
1944: Patogenia y dinamismos de la epilepsia
1943: Los dinamismos de la epilepsia
1946: Estudio psicosomático de la jaqueca
1967: Protección al enfermo epiléptico
1950: Psicosis hípnicas y confusionales
1959: Esquema corporal
1941: Trastornos del esquema corporal
1948: Historia de la psicosis maníaco-depresiva
1938: Desarrollo histórico y estado actual de la concepción de los delirios crónicos
1948: Conceptos básicos en medicina psicosomática
1940: Elementos constitutivos del síndrome adiposo genital prepuberal
1948: Úlcera péptica y psicosis maníaco-depresiva
1946: Prólogo al libro de Enrique V. Salerno, *Aportaciones a la medicina psicosomática, ginecología y obstetricia*

1948: Aspectos psicosomáticos de la dermatología
1947: Prólogo al libro de David Liberman, *Semiología psicosomática*
1940: Narcodiagnóstico con Evipan Sódico
1946: Teoría y práctica del narcoanálisis
1939/48: Introducción a la psiquiatría infantil
1940: Prólogo al libro de F. Schneersohn, *La neurosis infantil, su tratamiento psicopedagógico*
1967: Una nueva problemática para la psiquiatría
1970: Neurosis y psicosis: una teoría de la enfermedad
1951: Algunas observaciones sobre la transferencia en los pacientes psicóticos
1962: Terminación del análisis
1968: La "urgencia psiquiátrica"
1969: Técnicas de supervisión grupal en psicoterapia de niños
1963: Prólogo al libro de David Liberman, *La comunicación en terapéutica psicoanalítica*
1971: Prólogo al libro de David Liberman, *Lingüística, interacción comunicativa y proceso psicoanalítico*

Del Psicoanálisis a la Psicología Social - Tomo III
El proceso creador, Editorial Galerna, Buenos Aires, Argentina, 1971

1955: Comentario final al libro de Franco di Segni: *Hacia la pintura*
1973: El objeto estético
1944: Picasso y el inconsciente
1966: El proceso creador
s/f.: Comentario sobre la película *Les images de la folie*
1946: Notas para la biografía de Isidoro Ducasse
1946: Lo siniestro en la vida y en la obra del Conde de Lautréamont
1974: A cien años de la muerte de Lautréamont. *Los cantos de Maldoror*
1976: Prólogo a *Caminos*, de Sergio Enquin

Vicente Zito Lema, *Conversaciones con Enrique Pichon Rivière*,
Timerman Editores, Buenos Aires, Argentina, 1976

1975: Encuentros (V. Zito Lema)
1975: I. La familia. Los primeros años
1975: II. Lautréamont. Lo siniestro
1975: III. Buenos Aires. Afectos. Tristeza

1975: IV. Descubrimiento de Freud. La profesión de psiquiatra. Impugnación y defensa.
       Los hospicios
1975: V. La práctica analítica. Sus límites
1975: VI. La Psicología Social. Sus fundamentos.
       El esquema conceptual, referencial y operativo
1975: VII. La curación del psicótico. Técnicas de choque: el electroshock
1975: VIII. La amplitud creativa. Mecanismos internos. Arte y locura. El poeta Antonin Ar-
       taud. Una pequeña verdad

Psicología de la vida cotidiana,
Ediciones Nueva Visión, Buenos Aires, Argentina, 1985

1966/67: La Psicología Social
1966/67: Inundados: las reacciones psicológicas ante el desastre
1966/67: Las complicaciones del ocio
1966/67: La moda, barómetro social
1966/67: Engranaje y envoltura
1966/67: Sociedad, cambio e identidad
1966/67: Mirada, cuerpo y motivaciones
1966/67: El rumor
1966/67: Más sobre el rumor
1966/67: Los motivos del comportamiento
1966/67: La opinión pública
1966/67: El anonimato
1966/67: Aislamiento, poder e información
1966/67: El consumidor
1966/67: Fútbol y política
1966/67: Fútbol y filosofía
1966/67: El jugador y su contorno
1966/67: La pelota
1966/67: La noche, una comunidad
1966/67: Censor y censurado
1966/67: Noche y creación
1966/67: La violencia
1966/67: La pandilla
1966/67: El descubrimiento del otro
1966/67: Afiliación y pertenencia

1966/67: La elección de pareja
1966/67: Psicología y cibernética
1966/67: Sociología animal
1966/67: El miedo al asfalto
1966/67: Destino y computadora
1966/67: Ajedrez y Apocalipsis
1966/67: La supervivencia
1966/67: Anatomía del conflicto
1966/67: Caos y creación
1966/67: La conspiración de los robots
1966/67: Ocio y vacaciones
1966/67: Juego y vacaciones
1966/67: El automóvil
1966/67: Familia y ocio
1966/67: Vacaciones: el retorno
1966/67: Los ídolos
1966/67: Lo oculto
1966/67: Magia y ciencia
1966/67: El carácter nacional
1966/67: Tensiones internacionales
1966/67: La conducta del jugador
1966/67: El lugar del miedo
1966/67: Perturbaciones
1966/67: Malentendidos y negociación

Agregados posteriormenmte:
    Por primera vez
    Juego y deporte
    Estrategia
    Problema institucional
    Función del equipo

BIBLIOGRAFÍA CONSULTADA

Aberastury, A., *Aportaciones al Psicoanálisis de niños*, Paidós, Buenos Aires, Argentina,1971

Adamson, G., *La Psicología Social frente al tercer milenio*, Ed. Labriego, Buenos Aires, 2001

Adamson, G., Kesselman, H., Pavlovsky, T., Ulloa, F., Zito Lema, V., y otros, *Psicología Social hoy*, Lugar Editorial, Buenos Aires, Argentina, 1992

Baistrocchi, E., "Entrevista personal"

Basz, S., *Concepción de sujeto en J. Lacan*, publicación interna de la Escuela de Psicología Social del Sur, 1995

Berger, P. L. y Luckmann, Th., *La construcción social de la realidad*, Amorrortu, Buenos Aires, Argentina, 1995

Blanco Abarca, A., *Cinco tradiciones en la Psicología Social*, Ed. Morata, Madrid, España, 1995

Castoriadis, C., *Los dominios del hombre: Las encrucijadas del laberinto*, Gedisa, Barcelona, España, 1988

Evans, D., *Diccionario introductorio de psicoanálisis lacaniano*, Paidós, Buenos Aires, Argentina, 1997

Foucault, M., *Historia de la sexualidad*, Siglo XXI, México, 1977

Foucault, M., *La verdad y las formas jurídicas*, Gedisa, México, 1988

Miller, J-A., *Recorrido de Lacan*, Manantial, Buenos Aires, Argentina, 1994

Pichon Rivière, E., *El proceso creador*, Editorial Galerna, Buenos Aires, Argentina, 1971

Pichon Rivière, E., *El proceso grupal*, Editorial Galerna, Buenos Aires, Argentina, 1971

Pichon Rivière, E., *La psiquiatría, una nueva problemática*, Editorial Galerna, Buenos Aires, Argentina, 1971

Pichon Rivière, E., *Psicología de la vida cotidiana*, Nueva Visión, Buenos Aires, Argentina, 1985

Pichon Rivière, J., *Enrique Pichon Rivière. Diccionario*, Nueva Visión, Buenos Aires, Argentina, 1995

Pichon Rivière, J., Entrevista personal

Quiroga, A., *Enfoques y perspectivas en Psicología Social*, Cinco, Buenos Aires, Argentina, 1986

Sarlo, B., *Una modernidad periférica: Buenos Aires 1920 y 1930*, Nueva Visión, Buenos Aires, Argentina, 1988

Torregrosa, J. R. y Crespo, E., *Estudios básicos de Psicología Social*, Hora S.A., Barcelona, España, 1984

Zito Lema, V., *Conversaciones con Enrique Pichon-Rivière*, Timerman Editores, Buenos Aires, Argentina, 1976

Los autores

Gladys Adamson es Licenciada en Psicología de la Universidad de Buenos Aires (Argentina). Ha estudiado, supervisado y trabajado con Enrique Pichon Rivière durante los años 1967-1977. Incluso lo refugió en su casa durante algún tiempo en el año 1974, cuando fue amenazado por la Triple A (grupo parapolicial). Actualmente es Directora de la Escuela de Psicología Social del Sur (Sede Quilmes y Ciudad de Buenos Aires, www.psicosocialdelsur.com.ar). Coordinadora del área de Psicología Social de la Universidad CAECE (Argentina). Asesora internacional de la carrera de Psicología (con énfasis en Psicología Social) de la Universidad Luis Amigó (Colombia). Miembro del Consejo Asesor Internacional de la Revista *Paideia* (México). Autora de numerosas publicaciones. Su último libro es *La Psicología Social frente al tercer milenio*, de Ed. Labriego, Buenos Aires, Argentina.

Nerio Tello es periodista, escritor y editor. Ejerce la docencia universitaria. Ha publicado libros sobre su especialidad en distintas editoriales. En esta colección ha publicado *Umberto Eco para Principiantes* y *Eva Perón para Principiantes*. Sus últimos trabajos publicados: *Cornelius Castoriadis y el imaginario radical*, Campo de Ideas, Madrid, España, 2003, y *La entrevista radial* (coautoría con Marcelo Pérez Cotten), Editorial La Crujía, 2004.

El ilustrador

Pablo Sapia (Buenos Aires, 1969) es dibujante, pintor, ilustrador, guionista. Cursó estudios de dibujo con Ernesto Pesce y de pintura con Carlos Gorriarena. Desde 1990, sus trabajos han aparecido en diversos sitios web y medios gráficos de la Argentina, Brasil, México, Francia y España. También ha participado en diversas exposiciones colectivas con sus dibujos, tanto en la Argentina como en el extranjero. Fue coeditor de la revista *¡Suélteme!* Desde 1997 se dedica a la docencia, dictando talleres de cómic. Y desde el año 2000 se desempeña como Curador del Espacio Historieta del Centro Cultural Recoleta de la ciudad de Buenos Aires.